과자로 맛보는
와삭바삭 **프랑스 역사**

OKASHI DE TADORU FURANSU SHI
by Shunichi Ikegami

ⓒ 2013 Shunichi Ikegami
All rights reserved.
First published 2013 by Iwanami Shoten, Publishers, Tokyo.
This Korean edition published 2015
by Dolbegae Publishers, Paju
by arrangement with the proprietor c/o Iwanami Shoten, Publishers, Tokyo.

과자로 맛보는 와삭바삭 프랑스 역사

이케가미 슌이치 지음 | 김경원 옮김 | 강혜영 그림

2015년 9월 7일 초판 1쇄 발행
2019년 3월 15일 초판 5쇄 발행

펴낸이 한철희 | **펴낸곳** 돌베개 | **등록** 1979년 8월 25일 제406-2003-000018호
주소 (10881) 경기도 파주시 회동길 77-20 (문발동)
전화 (031) 955-5020 | **팩스** (031) 955-5050
홈페이지 www.dolbegae.co.kr | **전자우편** book@dolbegae.co.kr
블로그 imdol79.blog.me | **트위터** @dolbegae79 | **페이스북** /dolbegae

책임편집 우진영·권영민 | **표지디자인** 김동신 | **디자인** 이은정
마케팅 심찬식·고운성·조원형 | **제작·관리** 윤국중·이수민 | **인쇄·제본** 상지사 P&B

ISBN 978-89-7199-688-1 03920

책값은 뒤표지에 있습니다.

이 도서의 국립중앙도서관 출판예정도서목록(CIP)은 서지정보유통지원시스템 홈페이지(http://seoji.nl.go.kr)와
국가자료공동목록시스템(http://www.nl.go.kr/kolisnet)에서 이용하실 수 있습니다.(CIP제어번호: CIP2015020674)

과자로 맛보는
와삭바삭 프랑스 역사

이케가미 슌이치 지음 ● 김경원 옮김 ● 강혜영 그림

pâtisserie

돌베
개

차 례

글머리 과자와 프랑스 9

프랑스 과자가 세계 제일? • 과자라는 '곁들이' • 누구라도 손에 넣을 수 있는 '보석' • 과자라는 무기 • 켈트족과 고대의 과자 • 중세 초기의 프랑크족 • 프랑스를 통합하는 '정수' • 받아들여서 동화시키는 나라 • 역사를 움직이는 문화의 힘

1장 기독교와 소박한 중세 과자 33

과자의 부활 • 기독교와 과자 • 수도원의 역할 • 신과 사람을 이어 주는 과자 • 에울로기아와 우블리의 확산 • 호객 판매의 활약 • 카페 왕조의 시작 • 봉건제와 삼분제 • 왕의 권위 • 십자군과 과자 재료 • 귀족이 사랑한 설탕 절임 • 팽데피스 • 구운 과자 이야기 • 농업의 발달과 도시의 성장 • 왕권 강화와 파리의 발전 • 백년전쟁의 위기 • 잔 다르크의 생애 • 시골 처녀의 과자 • 세 가지 축제와 과자 • 성탄절의 과자

2장 약탈의 명수 프랑스 75

프랑스의 르네상스 • 사탕수수와 십자군 • 대항해 시대의 사탕수수 재배 • 백년전쟁 이후의 프랑스 • 전쟁이 가져온 이탈리아 문화 • 발루아 왕조의 혼인 외교 • 카트린 드 메디시스와 이탈리아의 과자 • 아이스크림의 등장 • 비밀의 쇼콜라 • 초콜릿 과자의 확산 • 종교전쟁의 시대 • 가톨릭과 미식

3장 절대왕정의 화려한 디저트 107

절대왕정과 사법 • 절대왕정과 베르사유 궁전 • 프랑스인은 미식가? • 국가 전략으로서의 프랑스 요리 • 루이 14세의 절대왕권 • 태양왕의 영광과 쇠락 • 설탕 제국의 성립 • 설탕 전쟁 • 커피와 설탕의 만남 • 설탕 소비의 증대 • 설탕 그 후 • 크림 이야기 • 여성과 과자 • 사블레 부인 • 여성과 초콜릿 • 세련된 시대의 아름다운 먹을거리 • 총희 몽테스팡 부인 • 퐁파두르 부인과 왕비 마리의 경쟁 • 퐁파두르 부인의 매력 • 마리 앙투아네트가 사랑한 과자 • 빛의 시대

개선문

①

포부르 생토노레

오페라 좌

쇼세 당탱

오페라 코미

②

④

⑦

③

국립도서관

팔레 루아얄
(카페 드 푸아)
(미르 콜론)

루브르 궁전

센 강

⑮

포부르 생제르맹

르 프로

⑯

구 코메디
프랑세즈

에펠탑

뤽상부르 궁전

불로뉴 숲

개선문

루브르 궁전

르노트르
제과점

에펠탑

바스티유 광장

오퇴유
거리

센 강

벵센 숲

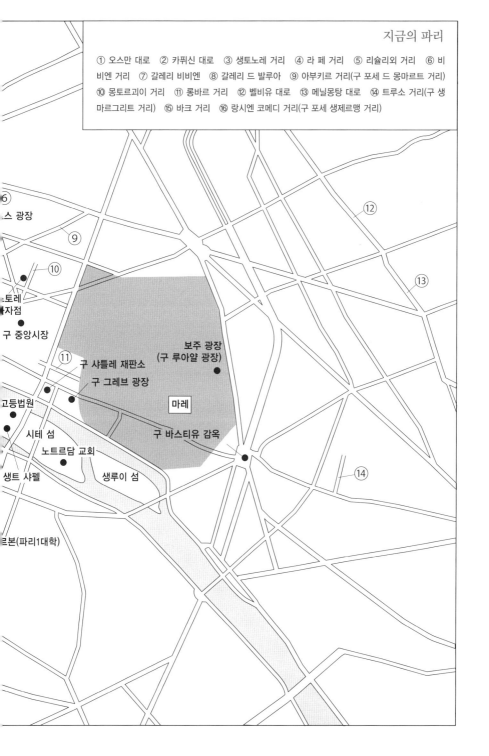

지금의 파리

① 오스만 대로   ② 카퓌신 대로   ③ 생토노레 거리   ④ 라 페 거리   ⑤ 리슐리외 거리   ⑥ 비비엔 거리   ⑦ 갈레리 비비엔   ⑧ 갈레리 드 발루아   ⑨ 아부키르 거리(구 포세 드 몽마르트 거리)   ⑩ 몽토르괴이 거리   ⑪ 롱바르 거리   ⑫ 벨비유 대로   ⑬ 메닐몽탕 대로   ⑭ 트루소 거리(구 생마르그리트 거리)   ⑮ 바크 거리   ⑯ 랑시엔 코메디 거리(구 포세 생제르맹 거리)

스 광장

구 중앙시장

구 샤틀레 재판소

보주 광장
(구 루아얄 광장)

구 그레브 광장

마레

구 바스티유 감옥

고등법원

시테 섬

노트르담 교회

생트 샤펠

생루이 섬

르본(파리1대학)

프랑스의 지방과 도시

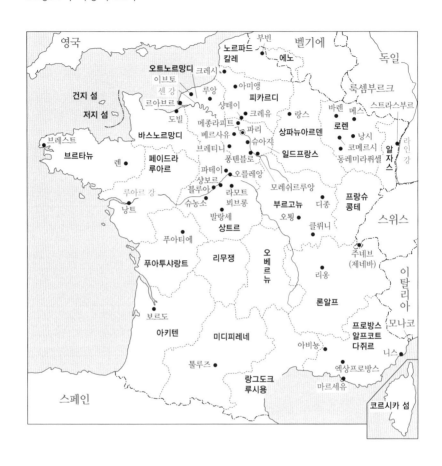

일러두기

옮긴이가 덧붙인 설명이나 주석은 각주로 처리했다.

단, 내용이 한 문장 이내로 짧은 경우에는 본문 괄호 안에 넣고 '-옮긴이'라고 달았다.

과자와 프랑스

프랑스 과자가 세계 제일?

여러분은 단것을 좋아하나요? 저는 아주 좋아한답니다. 당분은 영양가 풍부한 에너지원이며, 단맛은 피로한 정신에 위안이 되고 기쁨을 줍니다. 왜일까요? 그 물음에 답하기는 쉽지 않지만, 실제로 역사가 진전하면서 인류는 점점 더 많은 당분을 섭취해 왔습니다. 최근에 이르기까지 그 상승세는 멈출 줄 모릅니다.

그런데 단것을 대표하는 '과자'는 언제 어디에서 어떤 종류가 만들어졌을까요? 다양한 먹을거리 가운데 과자는 어떤 위치를 차지하고 있을까요? 과자는 역사와 어떤 관계를 맺고 있을까요? 어느 나라 어느 지역의 과자든지 이런 문제에 대해 생각해 볼 수 있을 겁니다. 하지만 진정 역사를 비추는 거울이자 사회와 문화의 중요한 요소로서 상징성이 뚜렷한 것은 프랑스 과자뿐이라고 생각합니다. "그거야 당신이 프랑스를 편애하니까 그렇겠지……" 이렇게 말해도 어쩔 수 없지만, 이 책을 읽어 보면 여러분도 고개를 끄덕이지 않을까요?

세계적으로 수많은 과자와 케이크! 이들을 가리키는 말로 최근 일본에서는 '스위트'라는 말이 유행하고 있는데, 프랑스어로는 파티세리pâtisserie라고 합니다. 그런데 여러분 머릿속에도 프랑스 과자가 역시 최고라는 생각이 자리 잡고 있나요? 도쿄나 고베에 속속 생겨나는 제과점은 거의 프랑스 과자 전문이며, 백화점 지하를 감미롭고 오색찬란하게 수놓는 것도 프랑스 과자입니다. 프랑스에서 수업을 쌓은 제과 기술자, 즉 파티시에pâtissier의 동향이 텔레비전이나 잡지에서 특집으로 꾸며지고, 그들이 만든 창작 과자에도 프랑스풍 이름을 붙입니다. 물론 독일, 영국, 이탈리아, 미국에도 그 나름대로 유명하고 맛있는 과자가 있지요. 하지만 '컨트리풍' 같은 수식어로 멋지게 포장해도, 프랑스 과자와 나란히 진열해 놓으면 어쩐지 태가 안 나고 조연처럼 보이는 건 비단 저만의 생각일까요?

"와가시(화과자)가 있잖아요? 교토의 와가시를 잊었단 말이에요?" 이렇게 지적하는 목소리도 들려오는 듯하군요. 확실히 그 말도 맞지만, 이 점에 대해서는 완전히 다른 각도에서 논의해야 합니다. 일본에서 프랑스 과자와 와가시는 먹는 때나 역할이 나뉘어 있을 뿐, 대립 관계에 있지는 않습니다. 그래서 이 책에서는 와가시를 언급하지 않기로 합니다.

'과자는 프랑스가 최고'라는 인식은 프랑스인뿐만 아니라 세계인이 공유하고 있습니다. 왜 그럴까요? 이를 이해하기 위해서는 무엇보다 프랑스라는 나라와 그 역사를 이해해야 합니다. 프랑스 문화의 성립과 국제적 문화 전략이 열쇠랍니다.

과자라는 '곁들이'

과자는 패션이나 사교 모임과 마찬가지로 지역 문화의 꽃 중 하나입니다. 여기에서 꽃이라고 한 까닭은 살아가기 위해 꼭 필요한 먹을거리가 아니기 때문입니다. 다시 말해 과자는 사회적 관계나 문화의 윤활유 혹은 균형감을 잡아 주는 도구, 또는 곁들이로 덧붙어 있는 것입니다. 그래서 과자는 지위나 권력뿐만 아니라 놀이나 멋과 깊이 연관되어 있습니다.

인간은 소금이나 물이 없으면 살아갈 수 없습니다. 그래서 소금과 물에는 정치적이고 경제적인 힘이 작용합니다. 그것을 매개로 지배―예속 관계가 생겨나지요. 예를 들어 중국을 연구하는 독일계 미국 학자 카를 비트포겔Karl Wittfogel은 물을 다스리는 것, 즉 관개와 수리야말로 전제주의 국가의 기원이라고 말합니다. 또한 소금에 부과하는 '염세'는 어디에나 흔하게 있었고, 로마 시대에는 관리와 군인에게 소금으로 봉급을 지급한 적도 있습니다.

감미료, 즉 설탕은 향신료와 마찬가지로 살아가는 데 꼭 필요한 것이라고는 할 수 없습니다. 설탕은 말하자면 '더 나은 삶'을 위해 필요합니다. 그래서 단것과 과자는 일단 정치적 혹은 경제적 지배가 아니라, 문화적 지배라는 권력 관계 안에 자리하고 있습니다. 문화적 가치가 있기 때문에 사람들은 단것에 홀딱 빠져들지요. 이 점을 우선 짚고 넘어가기로 합시다.

케이크(가토gâteau)든 초콜릿(쇼콜라chocolat)이든 아이스크림(크렘 글라세crème glacée)이든 단것은 고기나 밥처럼 주식으로 먹을 수 없습니다. 그래서 끼니 사이의 간식이나 후식처럼 식사를 구성하는 차림에서는 한구석으로 밀려나 있습니다. 간식도 그렇고 후식도 그렇고, 반드시 있어야 한다고 할 수는 없지만 없으면 뭔가 허전하거나 섭섭해서 즐겁지 않다는 생각이 들지요. 마치 화룡점정을 빠뜨리는 것과 같습니다. 한편, 엄마나 연인, 친구, 가족과 함께한 특별한 '추억'이 담긴 과자도 적지 않습니다.

한구석으로 밀려나 있는 곁들이라서 오히려 과자에는 생활에 감미로운 윤기를 더해 주거나 행복감을 불러일으키는 신비한 힘이 있습니다. 또한 그런 힘을 발휘하도록 다양한 수법이 끊임없이 생겨났지요. 마치 노동과 대립하는 놀이가 단조로운 생활에 탄력을 더하고 살아가는 기쁨을 느끼게 해 주는 것과 마찬가지입니다.

그런 의미에서, 여분의 것을 얼마나 정성스럽게 만들어 내고 소중하게 여기는가 하는 것이 문화의 질을 가늠하는 하나의 기준이 될 수 있지 않을까 합니다. 더구나 역사를 돌이켜보면, 놀랍게도 세련된 과자들은 언제나 충실하게 문명의 전파 경로를 따라 문명 수준이 높은 곳에서 낮은 곳으로, 동에서 서로 또는 서에서 동으로, 방방곡곡 달콤한 꿈을 실어 날랐습니다.

누구라도 손에 넣을 수 있는 '보석'

일본 민속학에서 말하는 '하레'(비일상적인 것)와 '케'(일상적인 것)라는 구분에 따르면,* 과자는 고대부터 오랫동안 '하레'에 속하는 먹을거리였습니다. 그리고 지금도 그런 경향이 남아 있습니다. 성탄절 케이크, 웨딩 케이크, 생일 케이크, 부활절 같은 축제 과자 등도 그렇고, 일본의 치마키, 가시와모치, 히시모치 등**도 떠오릅니다. 동양과 서양이 똑 닮았다는 사실이 놀랍지 않나요? 요즘에는 밸런타인데이 초콜릿도 추가해야 할지 모르겠네요.

'하레'의 먹을거리인 과자는 명절 선물이나 축하 선물, 또는 간단한 방문 선물이 됩니다. 누구라도 기뻐하는 선물이지요. 마른과자라면 오래 보존할 수 있어 편리합니다.

또한 과자는 얼마든지 '장식'할 수 있으며 장식하는 것이 허용됩니다. 과자만큼 건축이나 예술에 가까운 먹을거리가 있을까요? 아무리 예술적인 과자라도 과자인 이상 일종의 '모양을 본뜬 가짜'에 지나지 않기 때문에 곧 부서져 누군가의 입으로 들어가 버립니다. 하지만 다른 먹을거리에는 잘 쓸 수 없는 알록달록한 색채나 요란한 장식이 가

◆　일본 민속학의 창시자인 야나기다 구니오가 발견한 일본인의 전통적인 세계관 중 하나. 민족학이나 문화인류학에서 하레는 의례나 제사, 연중행사 같은 것으로, 케와는 의식주나 행동, 언어 등이 확연하게 다르다.
◆◆　치마키는 띠나 대나무 잎으로 말아서 찐 떡이며 가시와모치는 팥소를 넣은 찰떡을 떡갈나무 잎에 싸서 찐 것으로, 주로 5월 5일 단고노셋쿠(남자아이들의 축제) 때 먹는다. 히시모치는 붉은색, 흰색, 녹색 떡을 마름모꼴로 잘라 포갠 것으로 3월 3일 히나마츠리(여자아이들의 축제) 때 먹는다.

능하지요. 그래서 과자는 '세련됨'이나 '섬세함' 같은 감각과 가까울 뿐 아니라 '도시 감각'이라는 가치를 중요시합니다. 시골 과자도 나쁘지 않지만, 고귀함, 호사스러움, 세련미로 보면 아무래도 가치가 내려갑니다. 이런 특성은 양과자, 특히 프랑스 과자의 핵심이라고 말할 수 있을지 모릅니다.

더구나 과자에는 또 다른 뛰어난 특성이 있습니다. 왕후와 귀족의 호화스러운 저택이나 화려한 의복, 더할 나위 없는 진수성찬은 서민과 거리가 멉니다. 그러나 사치스러운 최고급 '과자'라면 누구라도 가끔은 손에 넣을 수 있지요. 그렇습니다. 식탁 위 '과자'라는 자그마한 보석은 누구나 입에 넣을 수 있다는 점이 자랑거리입니다. 최고의 사치품이지만 누구에게나 열려 있는 민주적인 먹을거리, 이렇게 훌륭한 음식이 또 있을까요?

과자라는 무기

그러면 이러한 사회적인 '위치'와 그에 걸맞은 문화적 '의미'를 지닌 과자는 '프랑스'라는 나라의 '역사'와 어떤 관계를 맺고 있을까요? 이것이 우리가 앞으로 살펴볼 문제입니다.

"고작 과자 하나로 한 나라의 역사를 이야기하다니, 침소봉대 아니야? 마치 가장 사소한 것과 가장 중대한 것을 꿰어 맞추려고 하는 것 같아……." 이렇게 이의를 제기할지도 모르겠습니다. 그러나 얼핏 보기에는 살아가는 데 꼭 없어도 될 것처럼 보여도, 실은 과자로 인해 문화가 크게 발전하고 사회생활이 윤택해지며 가족의 추억이 풍성해 집니다. 그렇다면 과자가 역사와 무관할 리 없지요. 오히려 과자를 국가 전략으로 이용한 좀 유별난 나라가 있다고 해도 하등 이상할 것 없 습니다.

그런 나라가 바로 프랑스입니다. 프랑스는 오랜 역사를 통해, 의 식적으로든 무의식적으로든 온 힘을 다해 과자라는 보검을 갈고 닦았 습니다. 우선은 국내에서 다양한 신분에 어울리는 맛과 모양을 갖추 고, 그다음에는 나라 밖을 향해 맵시 있는 모습을 자랑했지요.

물론 과자뿐만 아니라 '프랑스 요리' 전체가 그러한 행보를 이어 갔습니다. 하지만 과자는 다른 요리와 따로 떼어 활용할 수 있는 소도 구 같은 편리함을 갖추고 있습니다. 결국 고급스러운 프랑스 요리는 유럽을 비롯해 세계 각국의 궁정과 상류계급의 식탁으로 퍼져 나갔지 만, 일반 시민의 손에는 좀처럼 닿지 않았습니다. 그러나 과자는 프랑 스의 미식 신화를 선봉장 삼아 일반인의 손과 입으로 들어갈 수 있었 습니다.

프랑스 입장에서 볼 때, 미식 신화를 퍼뜨려 프랑스 요리와 프랑 스 과자를 동경의 대상으로 '이야기하게 만들고 이름 부르게 하는' 일 은 중요한 국가 전략이었습니다. 그것이 얼마나 대성공을 거두었는 지는 극동에 위치한 일본만 보더라도 금방 알 수 있겠지요. 종합예술인 미식의 찬란한 빛이 국경을 넘어 널리 전파되면서, 프랑스 요리와 과자는 아름다움, 당당한 즐길거리, 자유분방함, 멋스러움, 도시풍 같은 이미지를 차츰 엮어 나갔습니다. 지금은 프랑스식 이름을 붙이는 것만으로도 충분히 가치 있는 요리나 과자처럼 느껴집니다. 사바랭 savarin이나 아망딘amandine처럼 콧대 높은 이름을 붙인 과자*가 자허토르테Sachertorte**처럼 딱딱하고 목이 따끔거릴 것 같은 이름을 붙인 과자보다 세련되고 맛깔스러운 느낌이 들지 않나요?

이 책에서는 프랑스 문화와 과자의 밀접한 관계를 풀어내는 데 실마리가 될 프랑스 역사를 더듬어 살피고자 합니다. 중심은 '문화사'지만, 문화사는 단독으로 성립하는 것이 아니기 때문에 정치, 경제, 사회, 종교 등으로 이야기가 번져 갈 것은 말할 것도 없습니다.

켈트족과 고대의 과자

위에서 말한 것처럼 미식 신화를 무기로 삼는 국가 전략은 17세기 절대왕정 시대에 등장했고, 오늘날 우리를 즐겁게 하는 본격적인 프랑

◆　　사바랭은 오븐에서 구워 낸 뜨거운 케이크에 럼주나 브랜디를 첨가한 향기로운 설탕물을 촉촉하게 끼얹어 과일이나 체리를 곁들여 내놓는 과자이고, 아망딘은 아몬드를 넣어 조리하거나 아몬드로 장식한 과자로 둘 다 프랑스를 대표한다.

◆◆　　오스트리아에서도 특히 빈을 대표하는 케이크로, 초콜릿 스펀지케이크에 살구 잼을 넣고 진한 초콜릿을 입혀 만든다. 1832년에 귀족 메테르니히의 주방에서 견습생으로 일하던 16세의 프란츠 자허가 개발했다.

스 과자는 19세기에 탄생했습니다. 그러나 그 이전부터 과자라는 소재가 등장했음은 물론, 과자가 활약하도록 만반의 준비를 갖춘 관습과 제도, 그리고 정치적, 문화적, 정신적 환경이 마련되었습니다. 이제 본격적으로 과자와 프랑스의 역사 이야기로 들어가기 전에, 고대의 과자를 소개하면서 고대와 중세 초기의 프랑스 역사를 아주 간단하게 살펴봅시다. 우선 두 민족을 주목해 주세요.

프랑스 땅에는 오래전부터 인류가 정착했고 여러 민족이 드나들면서 주인이 거듭 바뀌어 왔습니다. 그런데 기원전 9세기 무렵, 유럽 동부 도나우 강 유역에서 켈트족이 철기 문화를 갖고 들어왔습니다. 프랑스 역사를 이야기할 때, 프랑스인들은 그들의 가장 오랜 선조가 켈트족이라고 말합니다. 물론 그보다 더 전에 크로마뇽인, 이베리아족, 리구리아족 등으로 불리는 집단이 있었습니다. 그러나 그 뒤 프랑스의 문화, 사회, 종교에 직접적으로 커다란 영향을 주었다고 확인되는 최초의 민족이 켈트족이라는 점은 틀림없을 것입니다. 켈트족의 신앙은 드루이드교라고도 부르는 다신교였지요. 이 종교는 영혼의 불멸성을 믿고 자연물을 숭배하는 특징이 있었는데, 중세까지 온갖 민담, 풍속과 관습으로 남아 있었습니다.

켈트족이 사는 갈리아 땅(현재의 프랑스)은 기원전 1세기에 로마의 카이사르가 정복하고 지배했지요. 로마가 발전하면서 갈리아도 경제가 발전하고 도시화되었습니다. 지금도 남프랑스를 중심으로 이 시대에 세운 로마식 신전, 수도, 커다란 목욕탕, 극장 등 많은 건축물이 남아 있습니다. 로마는 농촌 갈리아에 없던 도시의 화려함과 도회적인 생활을 가져다주었습니다. 한편, 켈트족의 문화적 흔적은 도기, 금은 세공 기술, 야금술 등에서 찾아볼 수 있습니다. 그때까지 이어진 다신교에 더해 동방의 미트라교나 키벨레 신앙 같은 지방 종교*도 들어왔습니다.

아까 과자는 '하레'에 해당하는 먹을거리라고 말했습니다. 과연 태곳적부터 과자는 주술과 종교적 제사에 쓰였고 모든 통과의례와 관계를 맺어 왔습니다. 고대 그리스의 결혼식에서는 과자를 교환했고, 로마 시대에도 신혼부부가 과자 봉헌 의식을 치르기도 했지요. 예를 들어 로렌 지방에서는 층층이 쌓아올린 고프르gaufre** 위에서 공식적으로 첫 키스를 하도록 되어 있었습니다. 브르타뉴 지방에서는 청혼할 때 과자를 보냈습니다. 만약 거절할 때에는 똑같은 과자를 만들어 돌려보내야 했지요. 그리고 웨딩 케이크는 되도록 폭이 넓고 커다랗게 만들어야 한다고 여겼기 때문에 때로는 지름이 1.5미터나 되는 거대한 케이크를 준비하기도 했습니다. 리무쟁에서는 웨딩 케이크 대신 아주 딱딱한 갈레트galette(둥글납작하게 구운 과자)를 준비했는데, 그것을 신랑 쪽 남자 들러리가 주

◆　　고대 페르시아에 기원을 둔 미트라교는 2~5세기에 로마 제국에서 유행했다. 빛과 태양의 신 미트라를 숭배한다. 키벨레는 생식 능력이 풍부한 대모신이자 산림의 수호신으로, 소아시아 북부 프리기아에서 숭배했다고 전해진다.
◆◆　　벌집, 밀랍이라는 뜻으로, 고프리에(gaufrier)라는 벌집 모양 철판에 밀가루 반죽을 끼워 구운 과자이다. 현재는 일반적으로 와플이라고 불린다.

먹으로 부서뜨려야 했습니다.

고대에는 다양한 축제에 과자가 꼭 따라붙었는데, 400년 무렵 로마의 저술가 마크로비우스Ambrosius Theodosius Macrobius에 의하면 사투르날리아 축제*에는 농경 신 사투르누스가 꿀과 과일을 찾아내 준 것에 감사해 플라첸타placenta**를 교환했다고 합니다.

또한 과자는 죽은 자에게 바치는 공물로도 쓰였습니다. 고대 그리스의 희극 시인 아리스토파네스Aristophanes는 『리시스트라테』Lysistratē라는 작품에서 멜리투타melitūtta라는 벌꿀 케이크에 대해 이야기합니다. 사체를 먹는 괴물 케르베로스에게 벌꿀 케이크를 던져 주면 죽은 자로부터 멀리 떨어진다는 것입니다. 케르베로스는 지옥을 지키는 개라고 알려져 있지요. 그리스 신화의 영웅인 아이네이아스도 하데스(지옥)로 내려갈 때 케르베로스에게 잡아먹히지 않으려고 벌꿀 케이크를 던져 주었다고 합니다.

이런 신화와 이야기를 보면, 과자는 지옥의 왕이 나라는 존재를 잊어 줄 정도로 매혹적인 먹을거리이며 나아가 이승과 저승을 맺어 주는 것이라고 말할 수 있을 겁니다. 설탕이 없던 당시, 귀중한 단맛을 품고 있으며 빛을 상징하는 황금색으로 반짝이는 벌꿀은 지옥의 신들을 속이기 위한 공물로서 과자에 쓰였던 것입니다.

중세 초기의 프랑크족

3세기에는 게르만족이 라인 강을 건너 침입합니다. 이로써 로마 제국은 쇠퇴해 동서로 분열하지요. 프랑스를 지배한 서로마 제국은 이민족의 침입을 받은 데다 국력도 약해져 476년에 멸망합니다. 침입한 '야만족'의 왕들은 이 폐허 위에 자신의 왕국을 세웠습니다. 여기에서 우리가 주목해야 할 또 하나의 민족은 갈리아 땅으로 들어온 프랑크

♦　　고대 로마의 농신제로, 매년 12월 17일부터 3~7일 동안 큰 잔치를 베풀고 서로 선물을 주고받았으며, 이때는 노예들도 쉬게 하고 잔칫상에 앉혔다.
♦♦　　라틴어로 과자, 빵이라는 뜻으로 로마인들이 즐겨 먹던 둥글넓적한 빵을 가리킨다. 여기서 피자가 유래했다는 설이 있다.

족입니다. 프랑크의 왕 클로비스*(재위 481~511)는 라인 강에서 피레네 산맥까지 파리를 중심으로 나라를 세웠습니다.

로마 제국은 4세기에 기독교를 국교로 정했습니다. 서로마 제국이 멸망한 뒤에도 갈리아 지역에는 로마인이 많이 남아 있었지요. 클로비스는 기독교도인 로마인의 동의 없이는 이 땅을 다스릴 수 없다는 것을 깨닫고, 496년에 자연을 숭배하는 다신교에서 가톨릭(아타나시우스파)으로 개종합니다. 그 뒤 가톨릭은 프랑크 왕국에서 큰 힘을 쥐게 됩니다. 프랑크 국왕들이 불안정한 정치적 상황에서 벗어나고자 조직력을 갖춘 교회의 힘을 빌렸기 때문입니다. 다음 장에서 살펴보겠지만, 기독교는 과자의 역사에도 적지 않은 영향을 미쳤답니다.

클로비스가 죽은 뒤 왕국은 분열해 왕권이 약해졌고, 이윽고 마요르도무스majordomus(메로빙거 왕조의 최고 궁정직─옮긴이)였던 피핀 단신왕**(재위 751~768)이 메로빙거 왕조(481~751)를 갈아치우고 새로운 왕조인 카롤링거 왕조(751~987)를 세웠습니다. 피핀은 754년 교황 스테파누스 2세를 통해 성스러운 기름을 바르고 왕관을 씌우는 의식을 치렀습니다.

피핀의 아들 샤를마뉴***(재위 768~814)는 점점 더 영토를 넓혀 갔

◆　　Clovis, 465~511. 프랑크 왕국의 초대 국왕으로 메로빙거 왕조의 창시자이다. 프랑크족을 통합해 프랑크 왕국을 수립했다.

◆◆　　Pépin le Bref, 714~768. 프랑크 왕국 카롤링거 왕조의 제1대 왕이다. 실권 장악 후 교황이 왕위의 정통성을 승인하자 라벤나 지방을 바쳤는데, 이것이 교황령의 기원이 되었다.

◆◆◆　　Charlemagne, 742~814. 프랑크 국왕으로 카롤루스 대제라고도 부른다. 게르만족을 통합해 오늘날 프랑스 서부와 독일을 중심으로 왕국을 건설하고 기독교를 보호했으며, 로마 황제의 자리에 올랐다.

샤를마뉴의 식탁

지요. 당시 가톨릭 수장인 교황 레오 3세는 동로마 제국과 적대 관계에 있었기에 샤를마뉴와 손을 잡아야겠다고 생각했습니다. 그래서 800년 성탄절, 샤를마뉴는 교황에 의해 '로마 황제'의 왕관을 썼습니다. 샤를마뉴와 그의 아들 루이 경건왕Louis le Pieux(재위 814~840)은 왕권 중심의 지배 체제를 강화하고 '카롤링거 르네상스'라 불리는 문화 부흥기를 열었습니다. 한편, 프랑크족 귀족들은 고기를 좋아했지요. 샤를마뉴도 사냥을 매우 즐겼고 고기를 많이 먹었습니다.

프랑크족을 비롯한 게르만 민족에게도 원래 죽은 자에게 귀신이 접근하지 못하도록 벌꿀이 들어간 과자를 바치는 풍습이 있었던 듯합니다. 기독교를 수용하고 나서도 그런 풍습은 남아 있었는데, 샤를마뉴와 동프랑크 왕 카를로마누스Carloman I(재위 768~771)는 그것을 금지하는 명령을 내렸습니다. 또한 식물의 신들이나 요정이 과자를 좋아한다고 믿어서 신들과 요정에게 과자를 바치는 풍습도 있었지요. 덧붙이자면, 막 갈아엎거나 비가 내린 뒤 땅에서 수증기와 흙냄새가 올라오는 것은 과자를 만드는 코볼트Kobold*가 장난을 치기 때문이라고 생각했습니다. 코볼트는 집이나 땅에 사는 정령으로 장난을 좋아한다고 해요.

프랑스를 통합하는 '정수'

이제까지 프랑스의 고대와 초기 중세를 간단히 소개했습니다. 본격적으로 '프랑스 역사'를 이야기할 수 있는 시기는 서기 1000년을 훌쩍 넘긴 무렵부터입니다. 중세를 절반도 넘긴 그때, 왕권은 다시 프랑스 전역에 힘을 미쳤거든요. 하지만 앞에서 대강 훑어본 프랑크 시대(메로빙거 왕조와 카롤링거 왕조)는 프랑스의 기원을 이야기할 때 반드시 거슬러 올라가야 할 역사랍니다.

프랑스는 처음에 왕과 귀족이 중심이 되어 정치를 움직이고 나라의 꼴을 정해 갑니다만, 근대로 들어서면 시민(부르주아)이 중심을 이

◆　독일 민담에 나오는 집의 정령으로 집안사람들이 잠든 사이에 말을 돌보거나 접시를 닦는 등 집안일을 도와준다. 그 대가로 우유 한 컵 정도밖에 요구하지 않지만, 보답하지 않으면 집을 떠난다.

루고 결국에는 민중이 사회의 주역으로 나섭니다. 그러나 주역은 바뀌어도 그들은 항상 '프랑스'라는 '나라'와 '국토'를 활동 무대로 삼았고, 그곳에서 사회를 건설하고 문화를 키워 냈습니다. 학자마다 조금씩 차이는 있겠지만, 프랑스인의 뿌리를 찾으려고 할 때는 언제나 프랑크 시대, 더 거슬러 올라가면 갈리아 시대까지 올라갑니다.

이를테면 17세기 앙리 드 불랭빌리에**라는 사상가는 정복자인 고귀한 프랑크족이 나중에 프랑스 귀족의 선조가 되었고, 정복당한 갈리아인이 '제3신분'이라 불리는 농민과 상인이 되었다고 생각했습니다. 또한 19세기 오귀스탱 티에리***라는 역사가도 나라의 역사를 움직이는 인종은 하나가 아니라 둘인데, 각각 완전히 다른 기억을 갖고 있다고 생각했지요. 여기에서 두 인종이란 물론 선주민인 갈리아인과 외부에서 들어온 게르만족(프랑크족)입니다. 자유를 추구하는 갈리아인의 기질은 중세에 귀족을 상대로 저항 운동을 벌인 시민 계급이 이어받았으며, 두 인종은 대립할 뿐 아니라 협동하면서 새 시대를 열어 왔다고 티에리는 생각했습니다.

까다로운 이야기는 생략하겠지만, 어느 쪽에 무게중심을 두는지는 접어 두더라도 이들 역사가에 따르면 갈리아인과 프랑크족은 둘 다 근대 이후 프랑스인의 선조입니다. 그들의 상호작용이야말로 프랑

◆◆　　Henri de Boulainvilliers, 1658~1722. 프랑스 백작으로 인종 우월론을 표방하는 책을 펴냈는데, 이것이 민족주의 및 훗날의 국가사회주의 이론 성립에 영향을 미쳤다.
◆◆◆　　Jacques Nicolas Augustin Thierry, 1795~1856. 프랑스 역사가로 자유주의적 부르주아의 입장을 견지했으며, 민족 감정이 강하게 드러나는 저서를 남겼다. 근대 사학의 실증적 연구법이 확립하는 데 기여했다.

스의 지리적이고 민족적인 다양성을 하나로 통합하는 기본적인 줄기입니다.

18~19세기에는 자타 공인 '과자 대국'으로서 정치가뿐 아니라 지식인 사이에서도 과자를 프랑스라는 국가의 자랑할 만한 문화로 내세우자는 움직임이 등장했습니다. 그때 지식인들은 프랑스의 훌륭한 면모가 저 아득한 고대에 이미 갖추어져 있었다는 것을 보여 주고자 했지요. 그들은 갈리아인과 프랑크족을 비롯해 그 이후에 유입된 다양한 인종과 문화를 통합해 가는 프랑스의 독자적인 힘에 대해 논의를 펼쳤습니다.

그중 하나가 19세기 역사가 쥘 미슐레*가 사용한 '제니génie', 정수精髓라는 말입니다. 19세기 문학자와 역사가는 이 말을 왕성하게 사용했습니다. '정수' 이외에도 특성, 진가라고 옮겨졌고, 신화학에서는 정精, 영靈, 수호신 등을 가리키는 말로 쓰였습니다. 또한 천재 혹은 개인이 지닌 천분, 천성, 재능을 뜻하기도 합니다.

쥘 미슐레는 특히 프랑스라는 '국토'에 깃든 정수를 이야기합니다. 프랑스의 '국민적 정수'는 다양한 인종과 지역을 하나로 묶어 주는 힘이라고 그는 말합니다. 더구나 억지로 통합하는 것이 아니라 여러 지역과 인종이 자연스레 모여드는 매력적인 힘이라고 생각하지요. 19세기의 많은 역사가, 문학자, 철학자도 같은 이야기를 합니다. 정

❖   Jules Michelet, 1798~1874. 프랑스 국립 고문서 보존소 역사 부장, 파리 대학 교수, 콜레주 드 프랑스 교수를 역임했다. 역사에서 지리적 환경의 영향을 중시했고, 민중의 입장에서 반동 세력에 저항했다.

수는 훌륭한 프랑스 문화의 한 요소인 프랑스 과자를 낳은 힘이기도 합니다.

받아들여서 동화시키는 나라

그러면 프랑스는 어떻게 다양한 민족과 문화를 가려서 받아들였을까요? 프랑스는 국적을 얻는 조건으로 오랫동안 '출생지주의'를 취해 왔습니다. 프랑스 시민권을 얻으려면 프랑스 국토에서 태어나 자라는 것이 중요할 뿐, 어떤 민족이나 인종에 속하든 '프랑스인'이 될 수 있습니다. 이와 대조적인 것이 독일의 '혈통주의'입니다. 어디에서 태어나든 상관없지만, 독일인 부모의 피를 이어받아야만 독일인이 될 수 있습니다. '피'의 계통이 독일인을 만든다는 사상입니다. 이런 생각은 '독일 민족'의 존재에 대한 신념, 순수 혈통을 지향하고 피가 오염되는 것을 두려워하는 감정과 관련이 깊겠지요.

프랑스의 출생지주의는 19세기 이래 혈통주의와 병용하도록 바뀌었습니다. 그런데도 다른 유럽 국가에 비해 아프리카나 아시아에서 온 이민자가 국적을 얻는 것이 훨씬 쉬웠습니다. 그래서 프랑스인 네 명 중 한 명은 부모나 조부모가 이민자라고 합니다.

그런데 이민자가 프랑스인이 되려면, 프랑스라는 국가에 이른바 충성을 맹세하고 국가의 기본 원리를 준수하며 공용어인 프랑스어를 올바르게 이야기하고 쓸 줄 알아야 합니다. 최근까지 영어 등 어떤 외래어도 허용하지 않고 프랑스어로 바꿔 말해 온 것을 보면 사정을 잘 알겠지요. 프랑스는 출신과 유래가 다양한 사람들로 구성되었기 때문에, 사적인 공간에서는 독자적인 종교와 생활 습관 및 언어의 자유를 보장하지만 공적인 공간에서는 모든 프랑스인이 유일하고 공통된 원칙에 따라야 합니다. 이는 어쩌면 동화하지 않는 자를 배제하고 억압하는 독선적인 프랑스 지상주의로 흘러갈 수도 있습니다.

어느 쪽이든 프랑스는 서로 대립하는 두 가지 요소가 병존하는 별난 나라인 듯합니다. 오랜 역사에서 다양한 인종, 사상, 관습이 서로 부딪치고 작용해 프랑스인과 프랑스 사상과 프랑스 사회를 형성해 나갔습니다. 동시에 그때마다 "프랑스 것만 옳고 보편적인 가치가 있다"고 정당화했습니다. 이런 믿음을 다른 나라 사람이 논박하려고 들면 품이 꽤 들겠지요. 하지만 그런 강렬한 믿음에 대해 "과연, 그럴지도 몰라……" 하며 수긍하게 하는 힘을 프랑스가 갖추었던 것도 확실합니다.

그리하여 독일 철학도, 이탈리아 음악과 인문주의 혹은 음식 문화도, 그리고 물론 과자도 스스로에게 맞추어 솜씨 있게 받아들였습니다. 뿐만 아니라 받아들이고 나서는 마치 본래 자기 것이었던 것처럼 굴었고, 심지어는 대외적으로 자기 것이라고 주장했습니다.

역사를 움직이는 문화의 힘

이 점만은 꼭 기억해 주기를 바랍니다. 군사력이나 농업 생산력이나 계급 관계 같은 물질적이고 사회적인 현실 조건만이 역사를 움직이는 것은 아닙니다. 그 시대 사람들의 관념, 인간과 환경, 세계관이나 역사에 대한 전망도 무시할 수 없는 힘을 갖고 있습니다.

앞으로 살펴보겠지만, 프랑스는 긴 세월 동안 유럽에서 패권을 쥐었습니다. 1차 세계대전 후에는 식민지를 잃고 국력이 크게 약해졌지만, 문화적 또는 정신적 우월성은 고스란히 남았습니다. 물론 최근에는 세계화, 영어 지상주의 등의 영향 때문에 문화적으로도 여의치 않은 시대를 맞이하고 있지만 말이지요.

어떻게 이런 일이 가능했을까요? 모든 사람이 쥘 미슐레가 말한 '프랑스의 정수'라는 힘을 믿었기 때문에 그런 게 아닐까요? 그 힘은 프랑스 국토와 밀접하게 연관되어 있습니다. 프랑스인이 유대인처럼 국토를 잃고 세계 곳곳으로 흩어졌다면, 아마도 프랑스 문화는 견실하게 자리를 잡지 못했겠지요. 왜냐하면 그들이 생각하는 정수란 땅에 깃들어 있기 때문입니다. 내가 생각하기에는 프랑스 '요리'도, 프랑스 요리의 정수라고 할 '과자'도, 프랑스라는 국토의 다양함과 풍요로움, 프랑스라는 땅에 대한 프랑스인의 애착과 신앙이 없었다면, 그토록 뛰어난 것이 될 수 없었을 것입니다. 여기에 대해서는 다음 장부터 구체적으로 서술하면서 서서히 밝히도록 하지요.

그러면 달콤한 역사를 향해 여행을 시작할까요?

Savarin, Charlotte, Baba,
Chocolate bonbon, Tarte & Cafe au

1장

기독교와 소박한 중세 과자

과자의 부활

글머리에서 소개했듯이, 그리스인과 로마인은 벌꿀과 과실을 이용해 다양한 과자를 만들어 먹었습니다. 하지만 395년부터 로마 제국이 분열하고 이어 476년에 붕괴한 뒤로는 '곁들이'인 과자 같은 것을 먹을 여유가 없었습니다. 게르만족도 신들이나 요정에게 공물을 바치는 특별한 경우에만 과자를 사용했고, 평소에는 과자를 먹는 일이 거의 없었습니다.

그런데 뜻하지 않은 곳에서 '과자'가 부활합니다. 바로 기독교회 내부였습니다. 고대 말부터 중세 초기까지 각지에 영주가 할거하는 불안정한 시대가 이어졌는데, 그런 가운데 유일하게 평화를 구가한 교회는 유럽 세계를 통일할 수 있는 조직이었습니다.

또한 교황청에서 파견한 포교자나 설교자 등은 정력적으로 게르만족을 기독교로 개종시켰습니다. 그들은 이교異教를 물리치기 위해 줄기차게 싸움을 벌였고, 자연 숭배와 관련 있는 '성스러운 나무'를 베어 넘어뜨리거나 신전을 파괴하기도 했습니다. 그러나 이교 신앙을 근절하기는 어려웠습니다. 그래서 이교를 믿는 사람들이 친숙하게 여기는 사물이나 관습을 기독교풍으로 바꾸는 것부터 시작해야 했습니다. 말하자면 게르만과 켈트족, 로마의 축제나 신의 숭배에 기독교 축제나 성인 숭배를 접목한 것입니다. 이는 축제와 축제 때 먹는 과자와도 관계가 있지요.

기독교와 과자

프랑크 왕국의 왕들도 기독교회의 힘을 깨달았습니다. 재빨리 정통 아타나시우스파 기독교로 개종한 클로비스 왕을 비롯해 황제의 자리에 오른 샤를마뉴도 흩어져 있던 전례典禮(교의나 관례에 따른 공식 예배 - 옮긴이)를 통일하거나 칙령을 내려 이교의 풍습을 금하는 등 로마 가톨릭 교회와 협력해 나라를 다스리고자 했습니다. 이때 과자도 부활한 것입니다.

얼핏 보면 기독교는 과자의 적대자처럼 여겨집니다. 왜냐하면 기독교회는 고대부터 '대식과 탐식'을 '악덕'에 포함시켰기 때문입니다. 대식은 색욕과 나란히 단골 악덕으로 등장했습니다. 7대 주요 악덕(오만, 탐욕, 음란, 분노, 대식, 질투, 나태)은 대교황 그레고리우스(그레고리우스 1세, 재위 590~604) 시대에 정한 것이라고 합니다.

이러한 '대식' 비판이 달콤한 과자에 대한 비판으로 이어졌다는 것은 쉽게 추측할 수 있고, 실제로도 그런 측면이 있었습니다. 그러나 의외로 유럽의 케이크는 기독교 의식에 기원을 두고 있습니다. '우블리'oublie(오블레)*라든지 '니윌'nieulle*이라는 과자를 만들어 신에게 헌납했던 것입니다. 이런 과자는 처음에는 달지 않았지만, 이윽고 벌꿀을 넣어 '달콤한' 과자가 탄생하는 바탕을 마련했습니다.

수도원의 역할

중세 때 수도원의 역할은 아주 지대했습니다. 기독교의 엘리트였던 수도사들은 구원에 이르는 행동의 모범을 보여야 했습니다. 뿐만 아니라, 엄격한 수행과 공동생활을 하면서 기도와 전례를 통해 사회를 구원하려고 했습니다. 프랑스에도 고대 말부터 온갖 수도원이 지어졌지요.

일반적으로 마을에서 멀찍한 곳에 세워진 수도원에서는 현세를 떠나 금욕 생활을 영위합니다. '천국의 앞뜰'이라 불리는 그곳에서는 오로지 전례에만 매진합니다. 그래서 세속(비종교적인 세계)과 거리를 둔 수도사보다는 사제나 사교司敎가 세속적으로 커다란 영향력을 미

◆ 고대 그리스인들이 달군 금속판 위에 납작하게 구워 만든 케이크인 '오블레이오스'(obleios)에 어원을 둔다. 향미가 없고 효모가 들지 않은 원통형 빵으로, 성체로 쓰였다.
◆◆ 중세 개신교 제과 기술자들이 만든 과자로, 밀가루를 뜨거운 물로 단단하게 반죽해 포도나무 가지를 태운 재로 덮어 향을 입히고 화덕에서 구워 냈다. 낭트 칙령 폐지 이후 개신교도들이 독일로 망명하면서 프랑스에서는 명맥이 끊어지고 알자스 지방에서 브레첼(Brezel)로 재탄생했다는 설이 있다.

친다고 생각할 수 있습니다. 사교구를 이끄는 사교는 모든 성직자에게 존경받는 최고 권력자이자 성직자 전체의 교육자이며 대죄의 심판자이기도 했습니다. 사교 주변으로 성당 참사회라는 집단이 형성되어 그의 일을 보좌했습니다. 한편, 사교구를 작게 나눈 소교구의 사제는 신도들을 사목하며 일요일마다 교회에서 미사를 올렸습니다. 이렇게 일상에서는 속세에 사는 성직자가 신도들에게 미치는 영향이 컸던 것이 확실합니다.

그러나 수도원도 결코 세속과 무관하지는 않았습니다. 아니, 도리어 수도원 자체가 토지를 지배하는 대영주였고, 자신이 거느리는 농민들의 중노동을 바탕으로 성립했습니다. 수도사 밑에서 일하는 조수사助修士라는 비성직자도 거느렸지요. 수도원은 신앙하는 성인의 유해와 그 유품으로 여겨지는 성스러운 물건을 보관하는 일이 많았습니다. 그것을 보려고 수많은 순례자가 찾아오는 일도 비일비재했지요. 그러므로 수도사는 세속인들에게도 감화를 주었다는 점을 지나쳐서는 안 됩니다.

중세 중반 이후 역사적으로 가장 중요한 곳이 클뤼니 수도원입니다. 다른 많은 수도원과 마찬가지로 성 베네딕투스가 6세기 전반에 계율을 정한 베네딕토회 일원이지만, 특별히 묵직한 의미를 지니고 있습니다. 이 수도원은 910년에 부르고뉴 지방의 아키텐 공公 기욤 1세가 주선해 설립했는데, 비성직자 손에 쥐여 있던 수도원장의 인사권과 재산권을 수도원 스스로 결정할 수 있도록 하는 등 개혁을 추진

농민이 일하는 것을
감시하는 수도사

했습니다. 클뤼니 수도원은 교황의 직속 기관으로 발전했고, 짧은 시간 동안 유럽 전역에 분원을 내며 세력을 확장했습니다. 특히 프랑스에서는 크게 힘이 늘어났지요.

신과 사람을 이어 주는 과자

클뤼니 수도원 같은 곳은 대영주였기 때문에 밀가루를 비롯한 많은 곡물, 포도, 물고기, 벌꿀, 달걀, 치즈 등을 농민으로부터 거두어들였습니다. 따라서 당연히 이런 수도원에 속한 수도사가 포도주, 빵, 그리고 과자를 만드는 개척자가 되었지요. 정작 음식 재료를 바치던 농민들이 과자와 빵, 케이크를 만드는 것은 금지되어 있었습니다. 그러면 수도사들은 무슨 목적으로 과자를 만들었을까요?

초기 중세부터 성인의 전기나 수도원 관습에 관한 규율, 공의회 기록과 신학자의 저작 및 서간 등을 보면, '과자'라고 해석할 수 있는 에울로기아eulogia나 우블리라고 부르는 것이 나옵니다. 에울로기아는 그리스어로 '축복'을 뜻하는데, 식사 전 공복에 먹었습니다. 수도사들이 식당에 모여 에울로기아를 먹는 것은 수도원장과 일반 수도사들이 부모 자식 관계, 즉 혈연이 아니라 종교적인 인연으로 맺어진 관계임을 말해 주는 증표였습니다. 또한 교황과 사교 및 사제 같은 성직자는 특별한 관계를 맺고 있는 교회 관계자에게 에울로기아를 선물로 주고받았습니다.

한편, 우블리는 본래 부제副祭(사제의 미사 전례를 돕고 교리를 가르치며 성체를 나눠 주는 성직자―옮긴이)가 성구 보관실에서 굽던 희고 둥글고 납작한 성체빵 오스티아hostia와 똑 닮았습니다. 미사 때 신자가 오스티아를 받아먹는 것을 영성체라고 하는데, 성직자의 기도를 통해 빵이 성별聖別, 즉 신성한 것으로 구별되어 예수의 몸이 된다는 것입니다.

오스티아는 이스트를 쓰지 않는 무발효 빵으로 화덕에서 얇게 구워 만듭니다.

우블리도 무발효 빵입니다. 질이 좋은 밀가루에 물과 와인을 섞어 만든 우블리는 철로 만든 둥근 틀 사이에 끼워 구웠는데 고프르(와플)와 비슷했습니다. 수녀들은 우블리를 만드는 솜씨도 뛰어났던 듯합니다.

예수와 성체 빵

완성한 우블리는 흰 천으로 싸서 일부는 미사 때 썼습니다. 제단 위에 가져가기 전에 제단 왼편 '디아코니쿰'diaconicum이라고 부르는 제의실 탁상에서 장엄한 기도와 함께 축별祝別합니다. 오스티아는 성별을 통해 '예수의 몸'이 되고, 그것을 먹으면 인류를 위해 십자가에서 희생한 예수의 은총을 나눌 수 있습니다. 한편 우블리는 성별보다 한 단계 낮은 축별을 거쳐 그저 고마운 과자에 머무릅니다. 영성체에 참석하지 못한 사람을 위해 사제가 남은 우블리를 축별한 다음 나누어 주는 것이 관습이었습니다. 이것을 먹으면 미사 때 오스티아를 받아먹은 것에는 미치지 못해도 일시적인 구원을 보증받을 수는 있었습니다.

에울로기아와 우블리의 확산

클뤼니 수도원의 관습 규율에는 사순절 때 수도사들에게 우블리를 나누어 준다는 조항이 있습니다. 다른 사료를 보더라도 우블리는 사순절 일요일이나 성 목요일, 부활절 주간의 성대한 의식을 치른 다음 날에 먹는다고 되어 있습니다. 1202년에는 파리의 교회 성직자들이 승천일 전야에 에쇼데échaudé(44쪽)와 우블리와 포도주를 받았다는 기록이 있습니다. 이런 증언을 통해 에울로기아와 우블리가 수도원 안에서 전해지다가 소교구에서 매주 열리는 미사나 중요한 축제를 통해 서서히 세속으로도 퍼져 나갔다는 것을 짐작할 수 있습니다.

덧붙여 수도원은 근세에 들어와 농사를 짓는 것은 물론 리큐어나 잼, 설탕 절임도 만들었습니다. 프랑스 혁명 전에는 모레쉬르루앙의 보리 설탕(수크레도르주sucre d'orge), 리옹의 마멀레이드, 엑상프로방스의 아몬드 과자, 파리의 푀이앙틴feuillantine(얇게 구운 바삭바삭한 과자) 등 지역마다 수녀들이 만든 맛있는 과자가 많이 있었던 듯합니다. 알렉상드르 그리모 드 라 레니에르Alexandre Grimod de la Reynière(223쪽)라는 미식가가 자신의 저작 『미식가 연감』Almanach des gourmands 곳곳에서 이것들을 그리운 듯 떠올리는 걸 보면 말이지요.

호객 판매의 활약

이윽고 부제나 수녀가 아니라 세속의 제과 기술자들이 우블리를 만들기 시작했습니다. 1207년 길드(동업조합) 목록에는 우블리를 전문적으로 만드는 기술자들이 처음 등장하지요. 그들은 오블로와이에, 오블레이에, 우블로와이에, 우블레유르 등으로 불렸습니다. 1292년에 나온 '인두세 장부'에는 파리의 우블리 기술자 29명이 기재되어 있습니다.

오스티아를 만들기도 했던 그들은 교회의 매서운 감시를 받았지요. 장인, 직인, 도제는 주사위 놀이(도박) 금지, 사창가 출입 금지라는 규정을 지켜야 했고, 몸가짐이 조신하고 평판이 좋은 사람이어야 했습니다. 물론 양심적으로 질 좋은 달걀을 재료로 사용해야 했습니다.

15세기가 되면 우블리 기술자들은 점차 과자 길드 안으로 흡수됩니다. 그 무렵에는 우블리 외에도 사육제 등 축제 때 먹는 갖가지 맛있는 과자가 등장했을 뿐 아니라, 교회 당국이 의식에 쓸 우블리를 비성직자가 만드는 것을 싫어해 수녀에게 맡기려고 했기 때문인 듯합니다. 다만, 왕후가 개인적으로 예배당을 소유하고 있어 예배당에 딸린 사제가 제의를 주관하는 경우에는 휘하에 우블리 기술자들을 거느리고 있었습니다.

세속의 우블리 기술자들은 고프르 등 우블리와 비슷한 과자도 만들어 팔기 시작했고, 대규모 축제일이나 순례, 행렬이 있을 때 교회와 광장에 모인 사람들을 상대로 목청 높여 호객 판매에 나섰습니다.

Elchaudes gateaulx petyt
choubz chaulx

우블리를 파는 사람

13세기에 기욤 드 라 빌뇌브*가 쓴 『파리의 호객 판매』*Les crieries de Paris*라는 책에 초창기 모습이 그려져 있습니다.

당시는 온갖 행상이 고유한 타령조 외침을 신호로 고객을 모아들여 물건을 팔았는데, 우블리 장사꾼은 "큼직하고 따끈따끈한 우블리요, 우블리 사세요!" 하며 손님을 끌었다고 합니다. 근대에 들어와서는 저녁 먹던 시민이 주사위 놀이나 하자며 창문 너머로 우블리 장사꾼을 불러들이는 일이 늘었습니다. 놀이에 지면 우블리 장사꾼은 돈 한 푼 못 받고 우블리를 빼앗겼을 뿐 아니라 노래까지 불러야 했습니다. 종종 음탕한 노래를 불렀기 때문에 파리 경찰은 호객 판매를 금지하기도 했습니다. 우블리는 원래 작은 동그라미 모양이었는데, 나중에는 원통이나 원뿔 모양으로 둥글린 종류도 많아졌습니다.

에쇼데도 길모퉁이나 광장 또는 시장에서 파는 대중적인 과자였습니다. 밀가루로 단단하게 만든 반죽을 둥근 막대기로 얇게 펴서 띠 모양으로 자른 다음, 뜨거운 물에 넣어 익혀 난로 재에 묻어 말리거나

◆　Guillaume de la Villeneuve. 샤를 8세의 주방장으로 각종 식자재나 요리를 파는 파리 행상들의 호객 소리를 시로 기록했다.

하룻밤 놔두었다가 가마에서 구워 낸 것이었지요. 두 번 가열하는 이 과자는 아니스anise라는 달콤한 향신료를 넣는 등 맛내는 방법을 고 안해 서서히 개량되어 갑니다. 우블리나 에쇼데가 널리 퍼진 데서도 나타나듯이 중세 후기에는 일반 시민도 과자와 퍽 가까워졌습니다.

그 밖에도 다양한 이름의 과자가 등장합니다. 니욀은 우블리를 가 리키기도 하지만, 다른 것도 있었습니다. 일종의 고프르로 가볍고 섬 세하며 구름처럼 얇아서 특히 오순절에 하늘이 내려 준 것이라 여기 며 신도들에게 나누어 주었다고 합니다. 이 과자는 근대에도 여전히 사랑받았습니다. 특히 폴란드 왕 스타니슬라스 레친스키**는(145쪽) 니욀을 매우 좋아해 딸을 만나러 베르사유에 갈 때면 언제나 주머니 에 가득 넣어 갔다고 합니다.

나아가 갈레트나 푸아스fouace(고급 밀가루로 만든 갈레트) 외에 다리 올dariole, 플랑flan, 플라미슈flamiche, 고예르goyère 같은 타르트류가 있었고, 또 퀴네cuignet나 브리오슈brioche같이 소금과 버터가 들어간 빵도 있었지요.*** 이들은 근세까지도 사랑을 듬뿍 받았습니다.

1320년에 북프랑스의 음유시인 와트리케 드 쿠뱅Watriquet de

◆◆　　Stanislas Leszynski, 1677~1766. 폴란드 리투아니아 공화국의 국왕(재위 1704~1709, 1733)이자 로 렌 공(재위 1737~1766). 스타니슬라스 레친스키의 딸 마리 레슈친스카는 프랑스 왕 루이 15세의 왕비였다.
◆◆◆　　다리올은 계란, 버터로 만든 크림 과자의 일종으로 이것을 만드는 틀도 다리올이다. 플랑은 타르트 반 죽을 둥글게 만들어 커스터드 크림을 넣고 구운 것. 플라미슈는 치즈와 야채를 넣은 타르트이다. 고예르는 치 즈를 넣은 슈 과자 구제르(gougère)의 옛 이름이고, 퀴네는 동전(coin)처럼 둥근 파이인 코이뇽(coignon)의 변형이다. 브리오슈는 단맛 나는 프랑스 빵 가운데 가장 오래된 것으로, 버터와 달걀이 많이 들어가 고소하고 부드럽다.

Couvin이 지은 『파리의 세 부인』*Les trois dames de Paris*에서는 상인들의 부인 세 사람이 공현제(70쪽) 때 야단법석을 떨며 밖으로 놀러나가 술집에서 식사를 하는데, 마지막에 이런 말을 합니다. "머리가 개운해지도록 그르나슈(독한 와인)를 세 병 가져다줘요. (……) 그리고 또 고프르와 우블리, 치즈와 껍질 벗긴 아몬드, 배와 향신료, 호두도요." 이렇게 보면 술집 메뉴에 과자도 있었던 것 같네요.

소박한 중세 과자는 얼마나 '달콤'했을까요? 설탕이나 벌꿀이 얼마나 듬뿍 들어갔을까요? 여기에 대해서 자세히 알 수는 없습니다. 중세인은 단맛에 그다지 관심이 없었다고 주장하는 사람도 있지요. 그러나 동방이나 스페인에서 아랍 세계와 접촉한 유럽인은 모두 달콤한 과자류에 감탄을 금하지 못했습니다. 그래서 중세 중기부터 후기에 걸쳐서는 점차 단맛이 도는 과자가 프랑스에서도 널리 퍼졌으리라고 생각해요.

카페 왕조의 시작

그러면 프랑스 역사로 돌아갈까요? 시대는 조금 거슬러 올라갑니다. 샤를마뉴의 제국은 843년에 동부와 서부, 중부 등 셋으로 나뉘었습니다. 그중 샤를 대머리왕*에게 주어진 서프랑크가 이후 프랑스라는 나라의 바탕을 이룹니다. 서프랑크는 877년에 대머리왕이 사망한 뒤로 명이 짧은 계승자만 대를 이었습니다. 잠깐 사이 프랑크 왕국이 재통합되는가 싶었으나, 서프랑크 왕위는 888년에 카롤링거 집안이 아니라 파리 백작 외드**에게 넘어갔습니다. 그는 노르만족(바이킹)을 격퇴한 영웅이었습니다. 9~10세기에 들어와 남쪽에서는 이슬람 세력이, 북쪽에서는 바이킹이 침공해 유럽 각지를 약탈했지요. 특히 프랑스에서는 바이킹이 수도원을 노려 보물을 약탈해 갔습니다. 외드는 대단한 활약을 펼쳤지만, 그렇다고 위험이 사라진 것은 아니었습니다.

외드 다음에는 또다시 카롤링거 집안이 왕위로 복귀했고, 987년에는 외드의 동생 로베르의 손자뻘인 위그 카페***(재위 987~996)가 왕으로 추대되어 카페 왕조(987~1328)를 열었습니다. 위그 카페는 원래 파리 외곽 일드프랑스라는 지방에 세운 영방 국가의 주군이었습니다. 샤를마뉴의 제국이 분열해 계승을 둘러싸고 혼란해진 10세기 무렵에는 각지에 토지 실권을 장악한 그 지역 실력자가 출현해 영방 군주(공작이나 백작)가 되었지요. 그들은 각각의 영방에서 왕처럼 행세했는데, 그중 가장 강력한 것이 로베르 가문의 위그 카페였습니다.

◆　　Charles II le Chauve, 823~877. 루이 경건왕의 셋째 아들인 샤를 2세의 별칭이다. 서프랑크 국왕(재위 843~877)이자 서로마 황제(재위 875~877)였다. 870년 둘째형인 동프랑크 국왕 루트비히 2세(루도비쿠스 독일왕)와 메르센 조약을 맺어 로타링기아 왕국(지금의 로렌 지방)을 나눠 가졌다. 877년 병으로 사망하자, 큰아들인 루이 2세 말더듬이왕이 왕위를 계승했다.

◆◆　　Eudes(roi des Francs), ?~898. 느스트리 백작 로베르 4세와 카롤링거 왕조 루트비히 1세의 딸 아델라이드 사이에서 난 아들로, 885년부터 886년까지 파리를 포위한 노르만족을 격퇴했다. 888년부터 죽을 때까지 서프랑크를 다스렸다.

◆◆◆　　Hugues Capet, 938?~996. 카페 왕조의 시조로, 재위 동안 다음 왕을 결정하고 대관식을 거행하는 관례를 남겨 왕조 혈통의 원활한 계승 장치를 마련했다.

봉건제와 삼분제

공작이나 백작은 당시 교회 세력과 나란히 힘을 길러 온 대표적인 세속 권력이었습니다. 세속 권력의 핵심은 성에 거점을 두고 일정한 지역을 효과적으로 지배하는 성주였습니다. 성은 본래 땅과 나무로 이루어진 작은 울타리에 지나지 않았지만, 나중에는 튼튼한 돌로 성을 지었습니다. 성주는 일대의 평화를 유지하고 정의를 유지할 임무를 지닌 한편, 재판권을 비롯해 여러 가지 세금을 주민에게 부과할 권한도 가졌습니다.

제후와 성주를 섬기며 무공을 겨루는 사람이 바로 기사였습니다. 기사는 무기를 소지한 자유인인데, 자신의 주군 앞에서 무릎을 꿇고 충성을 맹서하는 신종의 예(이른바 기사 서임식)를 거쳐 가신이 되었습니다. 주군은 가신이 먹고살 수 있게 토지를 나누어 주는 동시에 전쟁이 벌어지면 가신을 이끌고 싸움을 지휘했습니다. 한편, 가신인 기사는 주군을 위해 '원조'와 '조언'을 제공할 의무가 있었습니다. 원조에는 여러 종류가 있는데, 무엇보다도 군사적으로 힘을 보태야 했을 뿐 아니라 주군이 잡혀갔을 때 몸값을 지불하거나 주군의 딸을 위해 지참금을 준비해야 했습니다. 나아가 늙거나 병든 주군의 재산을 관리하며 보필하기도 했습니다.

지역 내에서 서로 지배권을 다투며 종종 전쟁을 일으키는 여러 세력 때문에 농민이나 교회는 피해를 입거나 고통을 당했습니다. 그러나 짚고 넘어갈 것이 있습니다. 많은 권력자가 분립하는 봉건제야말로 무정부 상태와 약탈의 횡행을 억누르는 사회적 구조가 되기도 했다는 사실입니다. 왜냐하면 봉건적 관계는 특히 신분이 높은 영주들 사이에서 상호 우호 조약처럼 기능했고, 그물망같이 촘촘하게 펼쳐진 봉건적 관계 때문에 다툼을 피할 수 있는 측면도 컸기 때문입니다.

봉건 제도는 기사 제도와 귀족을 정점으로 한 신분 제도와 얽혀 프랑스 대혁명까지 모습을 바꿔 가며 명맥을 이어 아주 오랫동안 프랑스라는 나라를 규정한 체제였습니다. 다시 말해 봉건적인 신분 사회는 기도하는 사람, 싸우는 사람, 일하는 사람으로 이루어진 '삼분제' 사회입니다. 기도하는 사람이란 성직자 계층, 싸우는 사람이란 기사 계층, 그리고 일하는 사람이란 농민 계층을 가리킵니다. 그러나 12세기 무렵부터 도시의 상인과 기술자가 늘어나고 힘이 커지면서 일하는 사람의 신분도 분화해 가는 등 사회적 상황이 점차 달라졌습니다.

왕의 권위

위그 카페는 여러 제후 중에서 왕으로 뽑혔습니다. 위그가 등장한 시대에는 이미 로베르 가문이 정치적 힘을 잃어 그들이 거느리던 가신들이 자립하고 지배 영역도 줄어들었습니다. 그러나 카페 왕조의 성립이야말로 프랑스라는 '국가'를 이룩하는 중요한 계기입니다. 당초에는 왕의 영토라고 해 봐야 일드프랑스 주변의 좁은 영역이 전부였고, 왕권이 직접 미친 것은 한 줌 가신뿐이었을 만큼 아주 미약한 왕조였습니다. 그러면 카페 왕조는 어떻게 그보다 훨씬 큰 영역을 지배하는 제후들 위에 군림할 수 있었을까요? 그것은 위그가 특별한 권위를 갖고 있었기 때문입니다.

우선 왕이 될 때 치르는 대관식에서는 성령이 가져다준 기름, 즉 성유를 바르는 의식을 통해 신적인 권위를 부여받아야 하며, 이로써 자신의 왕권은 신에게서 유래했다고 주장할 수 있었습니다. 이러한 상징성은 기독교가 절대적인 영향력을 지닌 당시에 매우 설득력을 발휘했습니다.

또한 국왕은 직접 관할하는 영지가 아무리 작아도 봉건적 위계질서의 정점에 있었습니다. 따라서 왕은 누구에게도 신종의 예를 치를 필요가 없는 반면, 아무리 커다란 영지를 소유하고 있더라도 대제후는 왕에게 신종의 예를 바칠 의무가 있었습니다. 형식적일망정 제후는 왕에게 토지나 교회를 다스리는 권한(재치권)을 수여받아야 했기 때문입니다. 한편, 신이 아니라면 누구 앞에서든 왕은 무릎을 꿇지 않아도 되었습니다.

카페 왕권은 혼인 정책과 몰수 같은 수단을 통해 서서히 왕령을 확장했습니다. 그리하여 카페 왕조 시대에 현재의 프랑스 국토를 지리적으로 확정했다고 볼 수 있습니다.

십자군과 과자 재료

11세기가 되면 그때까지 프랑스를 괴롭히던 이민족의 침입이 멈추고, 기사들의 내전*도 교회가 주도하는 '신의 평화'paix de Dieu와 '신의 휴전'trêve de Dieu 운동으로 어느 정도 잦아들었습니다.

교회는 기독교도끼리 피를 흘리는 것을 중단하는 대신 기독교 세계의 적인 이교도를 향해 칼을 겨누도록 했습니다. 그때 성립한 것이 십자군(1096~1270)입니다. 십자군은 이슬람교도에게 빼앗긴 성지 예루살렘을 되찾기 위해 교황이 도모한 '예수의 전사' 즉 기사들의 군사 원정을 말합니다. 도합 8회 출정한 가운데 '성공'한 것은 1차 원정뿐이었지요. 그것은 고드프루와 드 부용** 같은 제후가 이끈 프랑스 기사 중심의 부대가 활약한 덕분이었습니다. 1099년에 십자군은 성지를 정복해 예루살렘 왕국을 건국했습니다.

십자군 전쟁은 군사적 충돌이었지만 문화 교류가 이루어진 측면도 있었습니다. 특히 식문화가 아랍 세계에서 유럽으로 들어왔지요. 설탕이나 향신료는 말할 것도 없고, 오렌지, 레몬, 살구 같은 과일도 들어왔습니다. 유럽에 단맛을 가져다준 설탕의 의의에 대해서는 2장

◆　페데(fehde)라고 하며, 중세 유럽 사회에서 자유인 사이, 특히 봉건 귀족이나 도시와 도시 사이에 합법적으로 벌어진 사적인 전쟁을 가리킨다.
◆◆　Godefroy de Bouillon, 1060?~1100. 프랑스 귀족 출신으로 제1차 십자군을 이끈 지휘관이다. 1차 원정(1096~1099) 때 군사 4만 명을 거느리고 예루살렘을 공략해 이스라엘 왕국의 기초를 쌓았고, '성묘(聖墓) 수호자'라는 칭호를 받았다. 십자군을 다룬 무훈시의 주인공으로 등장한다.

과 3장에서 자세히 이야기할게요.

귀족이 사랑한 설탕 절임

공납 제도에 따라 영주에게 밀과 벌꿀, 달걀 등을 바친 것이 수도원 과자 제조에 기여했다는 것은 이미 서술했는데, 귀족의 경우에도 매한가지였습니다. 농민이 빵 굽는 가마를 사용한 대가로 달걀, 치즈, 벌꿀을 바친 덕분에 귀족은 과자를 먹을 수 있었습니다. 귀족은 설탕도 어느 정도 입수할 수 있었습니다. 여기에서 단것을 먹는 특권을 누린 중세 귀족의 입장에서 '과자'에 대해 생각해 봅시다.

기독교가 대식이나 탐식을 비판했지만, 의학적으로는 단것이 몸에 아주 좋다는 평가를 얻었습니다. 약국에서 팔리던 자당(사탕수수로 만든 설탕)은 17세기까지 의약으로 여겨졌으니까요. 자당은 소화를 돕는 '향신료'로서 고기나 생선, 채소 요리에도 쓰이며 중세 말부터 르네상스 시대에 걸쳐 귀족의 식탁에 독특한 맛을 선사했습니다. 설탕을 비롯한 다양한 향신료에 더해 설익은 포도즙인 베르쥐verjus나 식초, 레몬, 오렌지, 구스베리, 파란 사과, 수영(승아라고도 하는 마디풀과의 여러해살이풀로 잎과 줄기에서 신맛이 난다.—옮긴이) 즙 등 신맛이 강한 재료를 소스 원료로 대량 사용했기 때문에 귀족의 요리는 '새콤달콤한' 맛을 내게 되었습니다.

또한 엘리트들도 식사 맨 마지막에 드라제dragée(아
몬드나 호두에 흰색, 분홍색, 파란색 등 색색의 딱딱한 설탕 옷을
입힌 것)나 생강 설탕 절임, 오렌지 껍질로 만든 설탕
과자인 콩피즈리confiserie를 내는 습관이 있었습

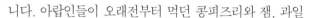

니다. 아랍인들이 오래전부터 먹던 콩피즈리와 잼, 과일
설탕 절임이 프랑스에 들어온 것은 십자군 덕
분이었지요. 그런 것은 중세 말에 크게 유행
했습니다.

콩피튀르confiture(프랑스식 잼이나 과일 설탕 절
임)에 대해 말해 보자면, 프랑스에서는 아랍에서 전해진 장미 콩피튀
르나 시트롱(레몬의 일종) 콩피튀르, 사향(사향노루의 배 쪽 분비샘에서 추출
한 강렬한 향료—옮긴이) 젤리를 넣은 콩피튀르 말고도, 자두, 월귤(산딸기
의 일종), 매자나무 열매 같은 과일이나 안젤리카(미나리과의 여러해살이
풀로 향이 강하며 뿌리는 약용으로 쓴다.—옮긴이) 줄기, 제비꽃으로 콩피튀르
를 만들기도 했습니다. 콩피튀르는 식후에 위를 닫고 소화를 돕는 기
능이 있다고 알려졌지요. 물론 기쁨과 즐거움이라는 측면도 빼놓을
수 없습니다. 설탕과 벌꿀이 들어간 달콤한 젤리 과자에도 자주 마르
멜로(장미과 나무의 열매로 딱딱하고 신맛이 강해 잼이나 젤리, 과실주로 만든다.—
옮긴이), 아니스, 정향(정향나무의 꽃봉오리로 자극적이지만 상쾌하고 달콤한 향
이 난다.—옮긴이), 사향 등의 향을 넣었습니다.

중세에는 향신료의 원료가 되는 식물이 푸르게 우거진 별천지를

'낙원'이라고 상상했습니다. 그곳은 젖과 꿀이 넘치는 땅이기도 했지요. 식후에 맛보는 설탕 과자는 이러한 낙원의 이미지와 연결되어 있었을 것입니다.

팽데피스

케이크와 비슷한 것도 있었는데, 팽데피스pain d'épice가 그것입니다. 팽데피스는 벌꿀과 밀가루(또는 호밀가루)로 만든 빵에 향신료를 담뿍 넣어 만듭니다. 12세기부터 이 빵을 먹은 듯한데, 중세 후기인 14~15세기에 널리 퍼졌습니다. 1694년판 아카데미 프랑세즈 사전에 이 단어가 '호밀가루와 벌꿀과 향신료로 만든 케이크의 일종'이라는 풀이와 함께 최초로 실렸는데, 그보다 훨씬 이전부터 먹었다고 알려져 있습니다.

팽데피스는 중국, 아랍 세계를 경유해 유럽으로 전해졌다고 합니다. 원래는 밀가루와 벌꿀을 반죽해서 만들었는데, 점차 밀가루는 호밀가루로 바뀌었고 향신료(너트메그nutmeg, 계피, 생강, 후주, 정향 등)를 첨가해 갔습니다. 프랑스에서는 부르고뉴, 샹파뉴, 플랑드르(현재의 벨기에 서부를 중심으로 프랑스 북부, 네덜란드 남부 일부를 포함) 지방에서 만든 것이 유명해졌습니다. 원래는 수도원에서 만들었지만 차츰 귀족의 저택에서도 만들었습니다.

귀족은 팽데피스 말고도 얇은 빵과 과자를 굽는 파티시에를 고용해 호화로운 과자를 만들게 했습니다. 이런 것 중에서 가장 널리 사랑받은 것이 바삭바삭하고 부서지기 쉬운 얇게 구운 빵(일종의 고프르)이었습니다. 버터를 발라 뜨겁게 달군 철판 두 장으로 구워 냈지요. 보통 설탕이나 벌꿀을 넣어 먹었기 때문에 이것이야말로 케이크의 원조라고 할 수 있을 것입니다. 얇게 구운 빵을 '성운'이나 '구름', '천사의 빵' 같은 애칭으로 부른 것을 보더라도, 중세 사람들이 이것을 얼마나 소중하게 여겼는지 짐작할 수 있을 것입니다.

구운 과자 이야기

여기에서 중세 요리책을 하나 살펴봅시다. 하나같이 왕후와 귀족을 섬긴 요리사들이 쓴 것인데, 거기에는 앙트르메entremets(고기 요리와 디저트 사이)로 먹는 과자가 실려 있습니다. 프랑스의 왕과 제후를 섬긴 중세 말기 요리사 타유방*의 요리책 『르 비앙디에』*Le Viandier*에는 짠맛과 단맛의 앙트르메가 실려 있습니다. 그중 단맛에 속하는 것으로

◆　　Taillevent, 1310∼1395. 본명은 기욤 티렐(Guillaume Tirel)이다. 샤를 5세와 샤를 6세의 전속 주방장으로 프랑스 최초의 요리책 『르 비앙디에』를 출간했으며, 프랑스 요리를 비약적으로 발전시켰다. 요리할 때 향신료는 많이, 지방은 적게 사용했다.

타이taillis라는 말린 과일 푸딩을 손꼽고 있습니다.

물론 '식사'에 속하는 디저트에도 달콤한 과자가 등장합니다. 구운 사과와 배, 무화과, 포도, 서양 모과, 호두 이외에도 드라제, 오렌지 껍질 설탕 절임, 배 조림, 마르멜로 설탕 절임, 히포크라스(향신료가 들어간 와인) 등이 중심이었는데, 밀에 설탕을 넣은 우유죽, 구운 과자도 있었습니다. 구운 빵으로 꼽고 있는 프뤼 리솔fruit rissole은 부드러운 파이 껍질에 사과, 무화과, 건포도 등을 넣어 굽거나 튀긴 것이었습니다. 또한 아몬드 밀크와 쌀가루로 만든 플랑도 있습니다.

아까 십자군 이야기가 나왔는데, 십자군을 통해 아랍 세계에서 들어온 것으로 보이는 과자 재료를 소개할게요. 우선 '푀이타주'feuilletage(접어서 쌓아 올린 반죽으로 파트 푀이테pâte feuilletée라고도 한다.—옮긴이)라는 것은 밀가루에 올리브유를 넣고 반죽해서 얇게 편 다음, 놀랄 만큼 섬세하게 여러 겹으로 겹쳐 접은 것입니다. 십자군 병사가 원정에서 보고 프랑스에 있는 아내나 하녀에게 전해 준 것으로 보입니다. 올리브유로 버터를 대체하고 반죽을 얇게 펴서 접는 일을 몇 번이나 되풀이했습니다. 1311년 아미앵 사교의 증서에는 푀이타주가 언급되어 있었습니다.

그러나 푀이타주를 만들자면 품이 많이 들고 섬세한 손놀림도 필요해서 프랑스 주부들이 이것을 완벽하게 만들기는 힘들었습니다. 그래서 그들은 금방 고프르나 간단한 타르트 종류로 되돌아갔습니다. 중세 농촌과 도시에서는 과일과 치즈를 넣은 타르트가 더 일반적인 과자였습니다. 지방마다 갖가지 변주가 이루어졌는데, 뒤에서 잔 다르크가 먹은 타르트도 예상해 보려고 합니다.

농업의 발달과 도시의 성장

그러면 농민의 생활을 어떠했을까요? 11세기에 농민은 아직 영주가 경영하는 장원에 묶여 있었습니다. 자유가 없는 농노에게는 먹을 것과 입을 것이 주어졌지만, 영주를 위해 보수 없이 노동력을 전부 바쳐야 했습니다. 소작인은 대부분 자유로운 신분이었지만, 땅을 소유하는 일이 드물었기 때문에 영주의 토지를 소작할 수밖에 없었습니다. 그들은 장원 영주에게 지대를 물었을 뿐 아니라 공납을 많이 바쳐야 했습니다.

　농민의 생활은 곤궁했고 걸핏하면 굶주림에 시달렸습니다. 농기구는 빈약했고 수확량은 뿌린 씨의 겨우 세 배 정도였습니다. 물론 농업 기술이 차츰 발전한 것도 간과할 수 없습니다. 물레방아를 이용한 맷돌이 영주들을 통해 보급되어 시간을 상당히 절약할 수 있었습니다. 또한 12세기부터는 간척으로 농지가 급속하게 늘어났습니다. 동시에 큰 철제 도끼, 삽날이 붙은 쟁기, 풍차 등이 등장하고 삼포제三圃制°도 보급되어 농업 생산이 증가했습니다.

　12세기 중엽에는 이미 고전적인 장원이 해체의 길로 접어들어 기존의 수많은 부역과 공납이 사라졌습니다. 영주가 농민에게 요구하는 노동력이 줄어들어 농민은 자신과 가족을 위해 농사를 지을 수 있었지요. 13세기에는 농업 생산이 더욱 늘어 경작지의 수확량이 올라간 덕분에 프랑스 인구는 1,200만 명에서 2,000만 명으로 늘었다고 합니다.

농업이 발전하는 동시에 '이동'이 활발해져서 보다 자유로운 삶을 위해 터전인 마을 소교구를 벗어나는 일이 빈번하게 발생했습니다. 농업 발전으로 잉여 생산물의 생산과 교환이 활발해진 결과, 기술자를 통한 공업 생산과 상품 교환의 거점이 되는 도시가 성장하는 계기가 마련되었습니다.

12~13세기에는 유럽 전역에서 도시가 발전했습니다. 로마 시대 옛 도시를 비롯해 주요한 성이나 수도원 주변에 '부르'bourg(큰 마을이라는 뜻)라는 신개지가 생겨났고, 그곳에 점차 많은 주민이 정주해 새로운 도시를 이루었습니다. 상인과 기술자들이 그곳에서 이익을 창출하고 동업자를 모아 상호부조와 영업 관리를 위해 길드를 결성했습니다. 또한 신생 도시는 수도원이나 사교, 백작 같은 영주에게 상업 활동을 방해하는 통행세나 영주 재판권, 군인 징발 등을 폐지해 달라고 요구했습니다. 이런 운동을 코뮌 운동이라고 불렀습니다.

◆   근대적 윤작 농법이 도입되기 전, 유럽에서 수백 년 동안 실시한 대표적인 토지 경작 제도. 마을의 공동 경지 전체를 고르게 삼등분해 일 년마다 순서를 바꿔 가며 경작하는 방식이다. 한 곳에는 보리와 귀리 같은 여름 작물, 또 한 곳에는 가을에 파종하는 밀과 호밀 같은 겨울 곡물을 심고, 나머지 땅에는 가축을 방목한다.

왕권 강화와 파리의 발전

프랑스에서는 수도 파리가 눈에 띄게 발전했습니다. 중세 초기에 왕실은 터를 잡지 못하고 여기저기 떠돌아다녔습니다. 그러다 점차 파리에 정착해 궁정과 관청 건물을 짓기 시작하자, 파리는 행정, 사법, 입법 등 모든 부문에서 중추가 되었습니다. 이미 12~13세기에 파리는 유럽에서 첫째가는 문화와 학문의 수도로 인정받기에 이르렀습니다.

파리를 본격적으로 수도의 반열에 올려놓은 장본인은 필리프 2세(별칭 존엄왕. 재위 1180~1223)였습니다. 필리프 2세는 강력한 가신인 플랜태저넷Plantagenet 가문을 누르고 승리를 거두어 노르망디 등의 영지를 회복합니다. 또한 1214년 부빈 전투*에서 대항 세력인 잉글랜드와 독일에 승리해 나라 발전의 기초를 닦았고, 안으로는 행정을 개혁해 수입을 늘렸습니다. 덕분에 새로운 성벽을 쌓거나 루브르 궁전을 세우는 등 수도 미화 사업이 가능해졌지요.

파리는 상업 중심지가 되었습니다. 금융과 국제 교역에 종사하는 수많은 외국 상인이 파리를 찾았습니다. 샤틀레 재판소로 통하는 다리 위에는 환전상 가게가 늘어섰고, 그레브 광장에서는 수상

◆   필리프 2세가 플랜태저넷 가문을 무너뜨리고 영토를 빼앗은 데 불만을 품은 잉글랜드 왕 존, 그리고 필리프 2세의 계략으로 자기 영역을 왕의 직영지로 빼앗기고 명목상 필리프 2세를 주군으로 모시게 된 플랑드르의 백작이자 포르투갈의 왕자인 페르디낭은 신성로마제국 황제 오토 4세를 끌어들여 대규모 연합군을 이끌고 프랑스를 침공했다. 그러나 필리프 2세는 군사 1만 5,000여 명을 이끌고 3만 명 연합군을 상대해 대승을 거둔다.

水上 상인의 배에서 목재와 곡물, 포도주를 비롯해 샹파뉴의 큰 시장에서 갖고 온 물건들을 부렸습니다. 파리 시장(장관) 에티엔 부알로Étienne Boileau가 정리한 『길드 규약』에는 감독 5,000명을 고용한 250~350개의 길드 이름이 적혀 있습니다.

그 후 성왕聖王이라는 별칭으로 유명한 루이 9세(재위 1226~1270)가 점점 더 왕령 안에서 권력 집중화를 진척해 잉글랜드 왕에게서 많은 영토를 획득했습니다. 파리 고등법원과 회계원을 창설한 것도 중요합니다. 루이 9세는 십자군 원정을 두 번 나갔는데, 1270년 북아프리카 튀니스에서 사망했습니다. 루이 9세의 뒤를 이어 아들 필리프 3세가 등극했고, 그다음은 카페 왕조 마지막 왕이자 미남왕으로 불리는 필리프 4세(재위 1285~1314)가 왕위에 올랐습니다.

필리프 4세는 특히 왕국 행정의 중앙집권화를 한층 강력하게 추진했습니다. 왕국 재정을 개선하기 위해 힘썼는데, 새로운 원조금을 모으고자 프랑스에서 최초로 '삼부회'를 개최해 성직자, 귀족, 평민 대표를 소집했습니다. 필리프 4세는 끊임없이 로마 교황과 대립했습니다. 이윽고 그는 교황청을 로마에서 프랑스 아비뇽으로 옮겼고, 교황은 1378년까지 '포로' 상태에 놓였습니다.

루이 9세 이후, 프랑스 국왕은 신으로부터 지상을 지배하도록 위임받은 '매우 성스러운 국왕'으로 여겨졌는데, 측근의 법조인들이 이론으로 무장해 왕권을 강화했습니다. 아울러 수도 파리도 발전을 거듭해 이후로도 줄곧 왕의 궁정과 수도 파리는 한몸이 되었고, 프랑스

성령 강림. 뒤쪽으로 15세기 파리 풍경이 보인다. 왼쪽 상단에 보이는 것이 노트르담 교회다.

문화와 그 일부인 식문화의 멋을 가꾸고 키워 나갔습니다.

13세기의 파리는 인구 20만 명에 이르는 유럽 제일의 대도시였습니다. 베네치아의 두 배였지요. 파리 대학과 유명한 종교 건축물(생트샤펠, 노트르담 교회 등)이 파리를 빛내 주었지요. 12세기부터 파리 대학을 중심으로 지적 생활이 왕성해지면서 스콜라학, 신학, 수사학 등이 발달했습니다.

파리 대학은 프랑스 왕과 교황의 특별한 비호를 받았습니다. 학문의 최첨단을 걷던 탁발 수도사들이 유럽 각지에서 파리로 모여들었고, 외국인은 파리의 우아한 아름다움과 쾌적한 생활에 놀랐다고 합니다.

백년전쟁의 위기

그러나 중세 말기인 14~15세기는 유럽 다른 나라들과 마찬가지로 프랑스에도 위기의 시대였습니다. 13세기에 프랑스는 최고 전성기를 맞이했지만, 세기말에는 더 이상 새로운 개척지나 개간지가 없었기 때문에 농업 생산이 정체되어 인구를 부양하기 힘들어졌지요. 더구나 14세기 초부터 15세기 말까지 유럽에 '소빙기'가 닥쳐 곡물 작황은 한랭 기후의 영향을 크게 받았고 많은 땅과 숲이 점점 황폐해졌습니다. 몇 번이나 페스트(흑사병)가 휩쓸고 지나가, 1348년에는 인구의 약 3분의 1이 목숨을 잃었습니다. 1361~1363년과 1418~1419년에는 특히 어린아이들이 페스트에 걸렸다고 합니다. 엎친 데 덮친 격으로 정기적인 수입이 없어진 용병대가 역병과 인구 감소로 고통 받는 농촌을 약탈했습니다.

이윽고 생활고 때문에 민중 반란이 일어났습니다. 에티엔 마르셀의 난,* 카보슈 봉기**가 대표적입니다. 농민 반란, 이른바 자크리의 난***도 1358년에 북프랑스 일대를 휩쓸었습니다. 극심한 가난에 지쳐 왕의 신하와 영주에게 분노를 터뜨린 것입니다.

아울러 1328년 샤를 4세의 죽음으로 카페 왕조는 대가 끊깁니다. 그러자 왕위 계승권을 둘러싸고, 샤를 4세의 사촌인 필리프 6세에서 시작된 발루아 왕조(1328~1589)의 프랑스, 그리고 카페 왕조와 혈연 관계에 있는 잉글랜드 왕가가 대립해 전쟁이 일어났습니다. 이것이 '백년전쟁'의 발발입니다. 백년전쟁은 1337년에서 1453년까지 간헐적으로 계속됩니다.

잉글랜드와 프랑스의 싸움은 장궁 부대를 갖춘 잉글랜드가 전략적으로 유리해 수적으로 우세한 프랑스를 때때로 이겼습니다. 특히 1346년 크레시 전투와 1356년의 푸아티에 전투가 결정적이었습

◆　　백년전쟁으로 왕정이 혼란한 틈을 타 1358년에 파리의 상인 조합장 에티엔 마르셀(Étienne Marcel)이 기도한 반란. 마르셀은 자크리의 난에 호응해 시민군을 편성하고 근교의 봉건 영주를 공격하는 등 혁명을 꿈꿨으나, 잉글랜드 부대와 협력한 탓에 반감을 사고 같은 해 7월 암살당했다.
◆◆　　백년전쟁 말기인 1413년 파리에서 일어난 민중 봉기. 성 자크 도살장에서 쇠가죽을 벗기는 카보슈(caboche)들, 특히 선봉장 시몽 르 쿠틀리에(Simon le Coutelier)와 1,000명이 넘는 식육업자 조합이 중심이 되어 봉기를 일으켰다.
◆◆◆　　백년전쟁 중 용병들의 극심한 약탈과 영주의 착취, 무거운 세금에 저항해 농민들이 일으킨 반란. 자크리(Jacquerie)는 당시 귀족들이 농민을 업신여겨 부르던 이름인 자크 보놈(촌뜨기)에서 유래했다.

니다. 푸아티에 전투에서는 프랑스 왕 장 2세가 포로로 잡혔습니다. 1360년에는 프랑스 왕국의 거의 3분의 1을 잉글랜드에 넘겨주는 굴욕적인 브레티니 화약을 맺었습니다. 장 2세의 몸값도 놀라운 액수에 달했습니다.

장 2세는 몸값을 모두 지불하기 전에 죽어 버렸습니다. 아들 샤를 5세는 전략에 능해 잃어버린 영지를 상당히 회복했지만, 그의 아들인 샤를 6세가 광기에 사로잡히는 바람에 부르고뉴 공(샤를 6세의 숙부)과 오를레앙 공(샤를 6세의 동생)이 세력 싸움을 벌였습니다. 이로써 둘로 갈라진 프랑스는 잉글랜드뿐 아니라 부르고뉴 공과도 맞서 싸워 패배를 거듭했습니다. 게다가 샤를 6세의 아들인 왕태자 샤를은 어머니로부터 친자임을 부정당해 왕위 계승의 정통성을 의심받고 커다란 위기에 빠졌습니다.

잔 다르크의 생애

그때 갑자기 소녀 잔 다르크가 나타납니다. 그녀는 루아르 강변 남쪽에 진을 치고 있던 왕태자 샤를의 정통성을 확신하고 "프랑스를 구원하라"는 신의 명을 받들었다고 했습니다. 1429년에 1,000명이 안 되는 수비병을 데리고 오를레앙을 지키던 프랑스군 앞으로 1만 명 남짓한 잉글랜드군이 습격해 왔습니다. 그때 잔 다르크는 구원병 200명

잔 다르크(15세기 말의 미니아튀르)

을 이끌고 달려가 프랑스를 위기에 서 구했습니다. 또한 오를레앙 해방 에 이어 파타이 전투(1429년 6월 18일) 가 끝난 뒤, 잔 다르크는 왕태자 샤를이 성성식成聖式, 즉 대관식을 받아야 한다고 주장했습니다. 그래서 샤를은 파리 북동부의 랑스라는 곳에서 대관식을 치렀고, 잔 다르크는 구국의 처녀가 되었습니다.

잔 다르크는 말을 타고 프랑스군의 선두에서 행군하는 씩씩한 처녀였지만, 고향에 있을 때에는 다른 마을의 처녀와 다를 것 없이 평범하게 생활했습니다. 그녀의 고향은 로렌 지방의 작은 마을인 동레미라 퓌셀이라는 곳입니다. 잔 다르크는 나중에 재판에서 이단으로 몰려 화형을 당했는데, 사후에는 명예 회복을 위한 재판이 열렸지요. 그 재판 기록에 잔 다르크가 출정하기 전 모습이 남아 있습니다.

많은 이웃들의 증언에 따르면, 잔 다르크의 부모는 둘 다 농민으로 눈에 띄게 부유한 집안은 아니었습니다. 나이가 지긋하든 연배가 비슷하든 이웃 농민들은 하나같이 그녀를 사랑했습니다. 잔 다르크는 예의범절이 바르고 순수하며 심지가 바를 뿐 아니라, 스스로 교회에 다니고 싶어 해 미사를 알리는 종소리가 울리면 귀를 쫑긋 세우는 신앙심 깊은 아이였다고 합니다. 또한 농사일을 도와 밭에서 호미질을 하거나 가축을 돌보거나 물레로 실을 잣기도 했습니다.

이런 이야기는 잔 다르크 사후에 열린 '복권 재판'을 통해 알려졌습니다. '처형 재판'에서는 그녀 자신이 마을 생활, 특히 근처에 있는 요정의 나무와 그 옆에 있는 샘에 대해 이야기했습니다. 병자는 건강을 회복하기 위해 샘물을 길어 마시고 다시 기운을 차리면 춤을 추러 요정의 나무 근처로 갔다고 합니다. 샘에서 요정을 본 사람도 있다지요. 잔 다르크 자신은 샘물을 긷거나 마신 일이 없고 요정도 본 적이 없지만, 다른 처녀들과 함께 요정의 나무에 놀러가거나 동레미라퓌셀의 성모 마리아에게 바치기 위해 나뭇잎으로 장식을 만들거나 나뭇가지에 화관을 씌운 일은 있다고 말했습니다. 시골 처녀의 순진한 모습이 떠오르는 장면입니다.

시골 처녀의 과자

안타깝게도 잔 다르크가 만든 음식이나 요리에 대한 기록은 없지만, 조금만 상상력을 발휘해 봅시다. 농사일을 돕거나 실잣기, 뜨개질, 또는 청소나 빨래같이 당시 '여성이 할 일'을 부지런하게 해내던 그녀는 어머니에게 요리도 배워 함께 음식을 만들었겠지요.

농민의 요리는 중세부터 근대까지 거의 변화가 없었습니다. 소박하게 소금 절임, 훈제 고기, 베이컨을 먹었고 그 밖에도 잡곡 빵과 곡류, 콩, 치즈 등으로 겨우 끼니를 이었습니다. 채소를 건더기로 써서 흙이나 주물로 만든 냄비에 뭉근하게 졸인 스프를 먹었습니다. 지비에gibier(식용으로 잡은 야생 조류나 짐승)를 비롯해 대량의 고기에 향신료를 듬뿍 뿌려서 먹었던 귀족의 식사와는 확연하게 달랐지요.

농민은 호화스러운 식사를 할 수는 없었지만, 그래도 축제나 기념일에는 분명 가정에서 과자를 만들었을 겁니다. 농민이 먹은 과자는 파이 반죽 위에 사과나 배, 포도, 앵두, 밤, 마르멜로 등을 얹어 구운 타르트 같은 것이 아니었을까요? 시골에서는 사과와 앵두 타르트가 '엄마의 손맛'이었을 것입니다.

중세 프랑스의 서사 가요(샹트파블chantefable)『오카생과 니콜레트』*Aucassin et Nicolette*(12세기 말~13세기 초)에는 이런 구절이 있습니다.

이걸로 사자, 타르트 과자,

칼집에 넣은 단검을,

가로피리로는 뿔피리를,

방목할 때는 호각을,

신이여, 처녀를 지켜 주소서!

15세기 에노 백작령 출신의 시인은『장 다벤 이야기』*Roman de Jean d'Avenses*에서 여성들끼리 지내는 '밤의 모임'이 어떤 모습이었는지 그리고 있습니다. 밤의 모임은 근처에 사는 여성들이 한집에 모여 이야기를 나누면서 물레를 돌리거나 일을 하는 여성만의 활동 세계를 가리킵니다. 그곳에서 일을 시작하거나 끝내는 날에 과자를 먹는 것이 가장 큰 즐거움이었다고 합니다.

처녀들이 일하러 온 곳은 거기였다. 어떤 여자는 양털을 뜨고 다른 여자는 실을 자았다. 한 사람은 천을 짰고, 또 한 사람은 리넨을 떴다. 일하는 동안 모두 노래를 부른다. (중략) 주의 첫날과 마지막 날, 그들은 버터, 치즈, 밀가루, 달걀을 가져왔고, 불을 피워 크레프, 타르트, 그 밖의 과자나 팽 페레pain ferré(노르파드칼레 주의 프렌치 토스트―옮긴이)를 만든다. (중략) 모두가 먹은 다음 백파이프 연주에 맞춰 춤을 추고 나서 이야기를 낭독했다.

정말 즐거운 여자들의 모임인 것 같지 않나요?

세 가지 축제와 과자

마지막으로 기독교와 관련한 과자를 조금 더 소개해 두지요. 기독교회는 이교의 관습을 모조리 없애 버리려고 했지만, 그렇게 할 수 없다는 것을 깨닫고는 앞에서 말한 것처럼 기독교풍 옷을 덧입혔습니다.

그렇게 해서 이교 축제가 기독교 축제로 모습을 바꾸었지요. 축제에는 '과자'가 있어야 한다는 생각도 이교를 통해 전해진 듯합니다. 여기에서는 축제 과자를 세 가지만 다루기로 하지요.

먼저 '부활절'입니다. 부활절에는 다시 살아난 예수 그리스도를 기념해 부활 달걀을 먹는데, 아마도 달걀이 새로운 생명을 상징하기 때문일 겁니다. 그러나 부활절에는 과자도 빼놓을 수 없습니다. 밀가루와 달걀로 초승달이나 인형 모양 케이크를 구워 어린아이나 하인들에게 나누어 주었습니다. 고대 풍요의 신에게 성스러운 음식을 바치던 것의 자취겠지요. 그러나 초콜릿과 설탕으로 만든 과자를 아이들에게 주는 풍습은 19세기까지 기다려야 했습니다.

다음으로 중세 이래 1월 6일 '공현제'에는 '갈레트 데 루아'galette des rois(혹은 가토 데 루아gâteau des rois)를 먹는 풍습이 있었습니다. 공현제는 동방의 세 박사가 갓난아기 예수를 찾아온 것을 기념하는 축제입니다. 이 케이크는 14세기 초에 이미 전통으로 자리 잡아 귀족의 식탁 위에서 봉봉bonbon(주로 속에 리큐어나 과즙 등을 넣고 설탕이나 초콜릿으로 겉을 싼 사탕) 옆에 떡하니 자리를 차지하게 되었습니다. 갈레트 데 루아에는 페브fève(누에콩이나 누에콩을 대신할 작은 것)를 넣어 두는데, 나누어 준 조각 안에 페브가 들어 있는 사람이 '왕' 또는 '여왕'이 되어 모임을 주관하는 것이 규칙이었습니다. 그럴 때에는 늘 케이크를 사람 수보다 한 조각 많게 나누었습니다. '신의 몫'을 남겨 두어야 했기 때문이지요.

    시대가 훌쩍 지나 드디어 1649년 1월 5일, 파리의 팔레 루아얄 Palais Royal*에서는 루이 14세의 모후 안 도트리슈**가 케이크를 '나눴습니다.' 누에콩은 성모 마리아 몫으로 남긴 조각에 들어 있었지요. 그래서 성모 대신 모후가 식사를 주재했습니다. 식사가 끝나자, 그녀는 빈민과 승려에게 나누어 줄 물건을 분배하기 위해 명령을 내리겠다고 말했습니다. 그러나 실제로는 곧바로 아들 루이 14세와 함께 도망할 계획을 꾀했습니다. 당시 파리는 프롱드fronde*** 당원들 탓에 분위기가 뒤숭숭했기 때문입니다.(118쪽 참조.)

    기 드 모파상Guy de Maupassant이 쓴 『유산』L'Héritage이라는 소설에도 갈레트 데 루아가 나옵니다. 공현제 날, 해군성에서 일하는 카슐랭이 동료 르사블을 저녁 식사에 초대합니다. 딸 코라에게 르사블을 인사시키려는 '맞선' 자리였는데, 그때 디저트로 공현제를 기념하는 갈레트 데 루아를 내온 것입니다. 케이크를 잘라 나눴더니 도기로 구운 강낭콩이 르사블 몫에 들어 있었습니다. 왕이 된 그가 코라를 '여왕'으로 임명한 것을 계기로 두 사람은 친해졌습니다.

◆   루브르 궁전 북쪽에 있는 건물로 원래는 루이 13세 당시 재상 리슐리외의 성관(군주나 귀족의 별장)이었는데, 그가 죽은 후 왕가에 기증되었다. 안 도트리슈는 루이 13세가 죽은 뒤 아들을 데리고 이곳으로 옮겨 와 살았다.
◆◆   Anne d'Autriche, 1601~1666. 프랑스 왕 루이 13세의 왕비이자 루이 14세의 어머니로, 스페인 왕 펠리페 3세와 오스트리아 대공 카를 2세의 딸 마르가레테 사이에서 태어났다. 1643년 루이 13세가 사망하자마자 유언을 파기하고 섭정에 들어갔으며, 이후 루이 14세에게 절대왕정의 길을 열어 주었다.
◆◆◆   투석기, 새총이라는 뜻으로 당시 청소년들 사이에 유행했던 돌팔매 용구를 가리킨다. 왕정에 맞서 돌을 던진다는 뜻에서 지은 이름이다.

마지막으로 2월 2일 마리아를 기리는 '성촉절'[◆]에는 성촉 행렬을 벌입니다. 16세기 이후로 이날에는 크레프를 굽는 풍습이 생겼는데, 이것이 17세기에 들어 보편화된 듯합니다. 크레프는 그냥 굽는 데서 그치지 않고, 왼손에 금화를 쥐고 오른손으로 크레프를 높이 던졌다가 받아 내면 그해에는 금전 운이 따른다고 여겼던 듯합니다.

성탄절의 과자

그러면 성탄절 케이크는 어땠을까요? 물론 중세부터 성탄절은 중요한 축제였습니다. 그러나 그날이 12월 25일인지, 1월 1일인지, 또는 동지에 가까운 12월 21일인지는 좀처럼 정해지지 않았지요. 여하튼 날짜와 상관없이 성탄절은 미트라교 등 이교와 관련이 깊습니다. 본래 가을의 끝 무렵과 겨울의 시작을 알리는 날을 경계로 농사를 중단하고, 예수의 탄생과 새로운 해를 축하하며 지방마다 다양한 축제를 열었던 듯합니다.

성탄절에는 방방곡곡에서 과자를 만들어 어린아이나 가난한 사람에게 나눠 주는 관습이 있었습니다. 특히 대부와 대모가 세례명을 지어 준 아이에게 사람 모양 과자를 선물하는 관습도 있었습니다. 또한

◆　성모 마리아가 출산 후 율법에 따라 예루살렘 성전에 예수를 바친 것을 기리는 축일이다. 춥고 어두운 겨울이 지나 따뜻하고 밝은 봄이 온 것을 축하하며 촛불을 밝히고 태양을 상징하는 크레프를 먹는다.

아이들이 성탄절 밤에 이웃집을 돌아다니며 번영을 기원하는 노래를 불러 주고 답례로 과자를 받는 관습도 있었고요.

19세기 초 프랑스 동남부의 프로방스 지방에는 청년이 나이가 찬 처녀의 집 앞을 찾아가 그녀를 위해 악기를 연주하는 풍습이 있었습니다. 그러면 여성은 답례로 가장 예쁘고 맛있게 솜씨를 한껏 부린 과자를 만들었습니다. 웃음소리와 장난이 난무하는 가운데 커다란 광주리에 과자를 담아 경매에 붙입니다. 자신의 마음을 보여 주기 위해 남자는 아무리 못생기고 맛이 없어 보여도 제일 좋아하는 사람의 과자값을 점점 올려 부르지요. 이런 짓은 뛰어난 솜씨를 자랑하는 요리사에게 조롱을 사고 말지만요.

성탄절 하면 가족의 정을 확인하는 식사와 과자도 중요했겠지요. 한데 오늘날 프랑스에서(또한 일본에서도) 인기 있는 뷔슈 드 노엘Bûche de Noël*을 먹기 시작한 것은 비교적 최근인 1870년 이후입니다. 파리의 어느 파티시에가 생각해 낸 것이라고 합니다.

2장

약탈의 명수 프랑스

프랑스의 르네상스

16세기부터 1789년 혁명이 일어나기 전까지 근세 프랑스의 정치와 사회 체제를 일반적으로 앙시앵레짐Ancien régime(구체제)이라고 부릅니다. 프랑스 혁명 이전 체제를 뜻하지요. 왕이 강력한 힘을 가진 절대왕정 시대이기도 합니다. 이 시대가 반드시 나쁘기만 한 것은 아니었습니다. 혁명으로 모든 것이 바뀌어 버렸다고 하는 것은 아무래도 좀 과장이 아닐는지요. 중세부터 모습을 갖추기 시작한 프랑스가 이 시대에 민족 국가로 완성되면서 중앙집권화를 밀고 나갔고, 수도 파리가 문화의 도시로서 얼굴을 드러냈다고 할 수 있습니다.

앙시앵레짐 시대는 프랑스의 르네상스 시대이기도 했습니다. 당시 프랑스는 이탈리아에서 많은 것을 배우면서도 독자적인 문화를 구축해 나갔습니다. 그리스어, 라틴어, 히브리어 원전을 활발히 연구하는가 하면, 라블레, 몽테뉴 등의 문학과 사상이 담긴 작품이 세상에 선을 보입니다. 독일의 루터에 이어 칼뱅이 스위스에서 전개한 종교 개혁 운동이 프랑스에 영향을 미치면서 종파 대립이 생겨난 것도 이 시대입니다.

글머리에서 설명한 프랑스의 '정수'가 작용하기 시작한 이 시대에는 관민이 하나가 되어 '과자'의 격을 높여 갑니다. 앞에서 지적했듯, 프랑스는 국토라는 영역 안에서 독자적인 문화를 형성하면서도 다른 나라에서는 찾아볼 수 없을 만큼 '개방성'을 가진 나라입니다. 그런데 때에 따라 개방적이었다가 폐쇄적이었다가 하는 흐름이 있었던 것 같습니다. 고대에서 중세 초기에 걸쳐 여러 민족이 유입하는 시대에는 개방성이 잘 드러났지요. 프랑스는 근대와 현대에도 수많은 이민자를 받아들이기도 했습니다.

외부로부터 활발하게 많은 것을 도입한 시대 중 하나가 16~17세기였습니다. 여기에서는 '식문화'나 '과자'와 직접 관계된 것 가운데 '대항해 시대'의 물결을 탄 해외 산물의 도입과 궁정 및 귀족의 사교 등을 통한 문화 유입에 대해 생각해 봅시다.

사탕수수와 십자군

설탕의 주요한 원료는 사탕수수와 사탕무입니다. 사탕수수는 원산지인 말레이 제도의 뉴기니 섬에서 인도로 전해졌습니다. 1세기에는 중국 남부(광둥성), 서쪽으로는 시리아와 이집트에서 사탕수수를 재배하고 정제한 설탕을 만드는 기술을 개발했습니다.

이것이 유럽에 전해진 것은 십자군 덕분이었지요. 시리아, 팔레스타인으로 쳐들어간 십자군은 그곳에 나라를 세우고 정착해 현지인과 결혼하는 등 생활 터전을 꾸려 가기 시작했습니다. 십자군은 그곳에서 재배하던 사탕수수에 주목하고 대량 생산을 위해 플랜테이션(선주민이나 흑인 노예의 노동력을 이용해 한 가지 작물만 대규모로 재배하는 농장 경영)을 시작했습니다. 이 시대에 성립한 플랜테이션이 나중에 신대륙에서 광범위하게 이루어집니다. 그 밖에 이탈리아 남서부 시칠리아 섬에서도 사탕수수를 경작한 듯합니다. 그러나 비교적 소규모였기 때문에 초기 플랜테이션 경작에서는 수요에 비해 아주 적은 양밖에 거두지 못했습니다. 그래서 설탕이 처음 유럽에 들어온 11세기 말부터 12세기 초까지는 이것을 일종의 향신료로 여겼고, 특권 계급만 맛볼 수 있었습니다.

대항해 시대의 사탕수수 재배

그때까지 유럽과 아시아는 주로 이슬람 세계를 경유해 교역했지만, 15세기 말부터는 유럽이 아시아 교역에 직접 나서고자 했지요. 그래서 먼바다에 배를 띄워 새로운 항로를 개척했고, 나아가 아메리카 대륙도 발견했습니다. 유럽 사람들은 일찍부터 신대륙에서 담배 등과 더불어 사탕수수를 재배해 엄청난 이익을 얻을 수 있다는 점에 눈을 떴지요.

15세기 설탕 상인

　우선 16세기 초반, 스페인은 대서양에 있는 아조레스 제도에서 사탕수수 재배에 착수했지만, 방향을 틀어 사탕수수보다 훨씬 더 직접적으로 부를 가져다주는 신대륙의 금은 광산 개발에 힘을 쏟습니다. 한편, 이웃 나라 포르투갈도 브라질에서 사탕수수를 재배하기 시작했지요.

　사탕수수 재배는 열대 기후라는 가혹한 상황에서 정글을 개척해 토지를 경작하고 작물을 기르며 김을 매는 등 악조건을 무릅쓴 중노동이었습니다. 그래서 아프리카에서 흑인 노예를 모아 일을 시키는 플랜테이션 방식을 채용했던 것입니다. 그 결과 설탕은 권력의 상징이 되었지요. 단순히 설탕이 진귀한 고가품이었기 때문이 아니라, 노예 노동과 유럽의 제국주의적 세계 진출을 통해 얻은 산물이었기 때문입니다. 프랑스도 대서양의 앤틸리스 제도를 식민지로 삼은 다음, 아프리카에서 데려온 노예를 부려 사탕수수를 재배하는 플랜테이션을 시작했습니다. 한편, 잉글랜드와 스페인도 대서양의 섬들과 반도를 노리고 있었기 때문에 몇 차례에 걸쳐 전쟁이 일어나기도 했지요.

　15세기 전반, 프랑스에서는 설탕 소비량이 1300년대에 비해 두 배나 늘었다고 합니다. 그 무렵부터 요리책에는 설탕 과자나 타르트 등을 만드는 방법을 소개하는 일이 매우 빈번해졌습니다.

백년전쟁 이후의 프랑스

잉글랜드와 프랑스의 백년전쟁은 장기간에 걸친 소모전이었기 때문에 일시적으로 왕권이 약화되었던 것은 분명합니다. 그러나 중세 말기에는 왕권을 노리던 유력한 제후들도 힘이 약해졌습니다. 그들은 왕에게 위임받는 형태를 취하거나 왕의 통치 기구를 모방해 자신의 영역을 다스렸기 때문에 한편으로 왕의 권위를 강화하기도 했습니다. 백년전쟁은 프랑스인들이 국민 의식에 눈을 떠 내셔널리즘이 고양되는 중요한 계기였습니다. 이와 같은 제도와 국민 의식의 움직임은 이윽고 절대왕정으로 나아가는 디딤돌이 되었습니다.

13~15세기에 걸쳐 프랑스에서는 행정 기구가 팽창했습니다. 각지의 바야주bailliage(왕이나 영주의 이름으로 재판하던 대법관 재판소─옮긴이)나 세네쇼세sénéchaussée(지방 판관이 관할하는 구역─옮긴이) 같은 국왕 대신의 관할 구역(재판소)을 중심으로 재판관, 서기, 향리 등이 몇십 명씩 모여 있었고, 중앙 정부는 관리를 몇백 명이나 거느렸습니다. 왕실 관리도 분화해 대법원, 회계원 등의 조직을 갖추었고, 왕 주변의 고문관이 세력을 넓혀 갔습니다.

또한 국왕은 삼부회를 소집해 제1 신분인 성직자와 제2 신분인 귀족의 대표자 이외에 제3 신분인 도시 시민과 대학의 대표자를 소집했습니다. 삼부회는 1302년에 처음으로 소집되었는데, 전쟁이나 새로운 징세, 즉 어용금(재정 적자를 메우기 위해 어용상인 등에게 임시로 부과한 세금—옮긴이)과 한 집마다 부과하는 인두세 문제 때문이었습니다. 하지만 삼부회는 원래 왕의 뜻에 따라 소집하는 자문기관이었을 뿐, 각 신분을 대표하는 의원이 자기 의견을 주장하는 의회는 아니었지요. 1614년의 소집을 마지막으로 삼부회는 막을 내리고 절대왕정이 성립했습니다.

전쟁이 가져온 이탈리아 문화

백년전쟁이 끝난 뒤, 국경을 확정한 프랑스에서는 농촌의 밭을 일구어 다시 한 번 생산량이 증대했습니다. 스페인이 밀, 아마포, 가구 등을 프랑스에 의존했기 때문에 국내 물가가 상승했지요. 농민의 손에는 수입이 들어오지 않았지만, 해마다 대량으로 공물을 거둬들인 토지 소유자는 이것을 비싼 값에 팔아 높은 수입을 올릴 수 있었습니다. 귀족들은 돈을 벌어들였을 뿐만 아니라 막대한 지출을 서슴지 않으며 점점 더 욕망을 키웠습니다.

본격적으로 성장 궤도에 오른 프랑스는 루이 11세(재위 1461~

1483) 시절에 국가 조직과 제도도 강화했습니다. 또한 15세기 말부터 16세기 전반까지 프랑스의 외교는 대개 이탈리아 전쟁에 좌우되었다는 사실을 기억해 둡시다. 특히 1521년부터 오랫동안 비참한 전쟁이 이어졌습니다. 발루아 왕가는 조상 대대로 이탈리아의 나폴리 왕국과 밀라노 공국에 대한 권리를 계승받았다고 주장하며 신성로마제국과 스페인 왕국을 지배하고 있던 합스부르크 왕가와 싸웠습니다. 이 싸움은 60년이나 걸렸지요. 그 기간 동안 프랑스는 나폴리 왕국을 네 번 정복했다가 잃었고, 밀라노 공국을 여섯 번 정복했다가 잃었습니다. 결국 프랑스는 이탈리아에 대한 모든 야심을 포기했습니다.

그러면 프랑스는 이탈리아 전쟁에서 얻은 것이 아무것도 없었을까요? 그렇지 않습니다. 프랑스는 전쟁을 통해 이탈리아 도시의 화려한 문화를 알게 되었을 뿐 아니라 이탈리아 르네상스의 정수를 전수받았기 때문입니다.

이탈리아 전쟁에 나간 사람들은 생각지도 않게 알프스 저편에서 보고 들은 화려하고 훌륭한 도시의 모습에 화들짝 놀랐습니다. 프랑스로 돌아온 그들은 대리석 기둥과 조각이 늘어선 거대한 궁전, 분수와 고대 조각상을 예술적으로 배치하고 설계한 정원 등 아름다운 예술을 자기 나라로 가져오고 싶어 했습니다. 그래서 이탈리아에서 예술가들을 초빙했지만, 고딕풍의 딱딱하고 견실한 미를 고집하면서 자기 것만 고수하려는 투박하고 고집스러운 프랑스 장인들을 데리고는 제대로 작업할 수 없었다고 합니다. 하지만 시간이 지나면서 이탈리아의 영향으로 프랑스에서도 서서히 새로운 예술이 결실을 맺어 갔습니다.

프랑수아 1세(재위 1515~1547) 때는 레오나르도 다빈치를 궁정으로 데려오기도 했고, 이탈리아인 건축가의 손으로 루아르 강변에 블루아, 샹보르, 슈농소 같은 아름다운 성을 짓기도 했습니다. 프랑수아 1세의 퐁텐블로 궁정을 지을 때에는 이탈리아에서 로소 피오렌티노,* 프란체스코 프리마티초** 등을 불러와 건축뿐 아니라 조각, 회화, 장식 등 여러 방면에서 이탈리아의 영향을 받았습니다. 이렇게 프랑스 르네상스가 꽃을 피우기 시작했습니다.

프랑수아 1세는 예술로 피워 낸 꽃이야말로 나라의 영광과 권력을 드러내 준다고 생각한 최초의 왕이었습니다. 이런 사고방식은 후대 왕들이 힘을 기울인 미식 외교와도 상통합니다. 그는 식민지의 중요성도 잘 이해하고 있었기에 많은 예산을 들여 원정을 보냈습니다. 1534년에는 브르타뉴 사람 자크 카르티에***가 캐나다를 발견했습니다.

◆　　Rosso Fiorentino, 1494~1540. 이탈리아 피렌체 출신의 화가이자 장식가로, 프리마티초와 함께 프랑스 제1차 퐁텐블로파를 이끌었다.
◆◆　　Francesco Primaticcio, 1504~1570. 이탈리아의 화가로, 16세기 프랑스 회화에 지대한 영향을 미쳤다. 종교적인 주제를 고전주의적인 신화 표현으로 대치했고 평화로운 느낌을 주는 독특한 프랑스식 우아함을 발전시켰다.
◆◆◆　　Jacques Cartier, 1491~1557. 16세기 프랑스의 항해가이자 탐험가로, 캐나다 해안을 프랑스 왕령으로 선포하고 프랑스가 캐나다를 통치하게 되는 기초를 닦았다.

발루아 왕조의 혼인 외교

외국 문화를 흡수하는 경로는 전쟁을 통한 접촉이나 외국 예술가 초빙 말고도 더 있습니다. 중세 이래 궁정끼리 국제적으로 이어져 있는 전통도 큰 몫을 했지요. 중세에는 국경을 넘어 봉건적 주종 관계를 맺었을 뿐 아니라, 각국 왕조는 외교 정책의 일환으로 라이벌 관계에 있는 왕조와 종종 인척 관계를 맺었습니다. 이런 풍조는 근세에도 이어졌지요.

겹겹으로 외국과 인척 관계를 맺는 목적은 적대국 간의 전쟁을 예방하는 데 있었지만, 오히려 상속 문제가 국제적인 규모로 불거져 전쟁의 화근이 되기도 했습니다. 어떻든 국제결혼을 통해 외국 문화가 궁정으로 전해지는 일이 빈번했습니다.

그런 사례 중 하나가 1533년, 훗날 왕위에 오른 앙리 2세(재위 1547~1559)와 이탈리아의 카트린 드 메디시스*의 혼인이었습니다. 카트린 드 메디시스는 15세기부터 18세기까지 피렌체를 중심으로 번성한 유력한 상인 가문인 메디치 출신이었습니다. 메디치 가문은 은행업으로 부를 쌓고 후견인이 되어 많은 사람을 비호하다가 결국 정치의 실권을 쥐고 권세를 떨치기에 이르렀습니다. 그 집안의 주인은

◆ Catherine de Médicis, 1519~1589. 본명은 카테리나 마리아 로물라 디 로렌초 데 메디치이고, 이탈리아의 예술과 요리 문화를 프랑스 궁정에 도입했다. 둘째아들 샤를 9세가 즉위하자 섭정으로 왕국 실권을 장악했다. 신구 양 교도의 충돌을 조정하며 종교전쟁 중에도 발루아 왕조를 지켜내기 위해 노력했다

16세기에 피렌체를 지배했을 뿐 아니라, 토스카나 대공국의 군주가 되었습니다.

카트린 드 메디시스의 아버지는 우르비노의 공작 로렌초 데 메디치라는 사람이었습니다. 메디시스와 프랑스 왕 프랑수아 1세의 둘째 아들 앙리의 혼사는 당시 메디치가의 주인이자 추기경이기도 했던 줄리오Giulio(교황 클리멘스 7세)가 기울인 정성의 결실이었지요. 메디치가 입장에서 왕가와 혼인 관계를 맺는 일은 드디어 커다란 권위를 부여받는 일이었으니까요. 프랑스 왕가 입장에서도 교황청에서 이름이 통하는 이탈리아의 가장 유력한 가문과 인연을 맺는 것은 정략적으로 보나 재정적으로 보나 무척 매력적이었을 것입니다.

카트린 드 메디시스와 이탈리아의 과자

중세 말부터 르네상스 시대에 걸쳐 이탈리아 요리사는 비약적으로 세련된 과자를 만들었습니다. 과일 파이, 잼, 과일 설탕 절임, 누가nougat(나무열매나 과일을 설탕에 조려 넣은 부드러운 사탕 과자) 등이 그 성과물입니다.

카트린 드 메디시스와 함께 이탈리아인 다수가 프랑스로 들어왔습니다. 그녀는 당시 열네 살이었지만, 놀라울 만큼 식도락을 즐겼고 대식가였던 듯합니다. 그래서 그녀가 데리고 온 하인 중에는 요리사

카트린 드 메디시스

도 상당수 있었지요. 그녀는 프랑스에서도 고향 이탈리아의 메뉴를 재현해 내라고 요리사들을 몹시 졸라 댔다고 합니다. 그들 중에는 케이크나 설탕 과자를 만드는 뛰어난 파티시에도 적지 않았습니다.

이탈리아에서는 설탕 과자가 일찍부터 매우 발달했습니다. '파스티야주'pastillage라고 해서, 잘게 부수어 전분을 첨가한 설탕에 콩과 식물에서 추출한 끈적끈적한 분비물인 트래거캔스tragacanth를 물에 녹여 섞은 반죽으로 세공하는 방법이었습니다. 프랑스에 전해진 이런 설탕 과자는 규모가 커져서 4장에서 소개할 피에스 몽테pièce montée가 됩니다. 또한 마카롱macaron, 프랑지판frangipane 같은 프티푸르petit four(209쪽)도 카트린이 시집올 때 전해졌다고 합니다. 마카롱은 달걀 흰자, 설탕, 아몬드 가루로 만드는 자그마한 과자입니다. 프랑지판은 우유, 설탕, 밀가루, 달걀, 버터를 가열해 만드는 크림인데, 거기에 가루로 빻은 마카롱이나 아몬드 가루를 첨가하기도 합니다. 나아가 쌉

◆　　Bartolomeo Scappi, 1500~1577. 르네상스 시대를 대표하는 이탈리아 요리사이다. 로렌초 캄페지오를 비롯한 대주교들을 위해 요리했으며, 교황 비오 4세 때부터 궁정 요리사가 되었다. 르네상스 시대의 1,000여 가지 요리법을 기록했고, 요리 도구와 기법에 대해 쓰면서 포크의 기원을 알리기도 했다.

쌀한 아몬드 에센스를 몇 방울 떨어뜨려도 좋다고 전합니다.

또한 스펀지케이크도 이탈리아에서 전해졌을 가능성이 높습니다. 16세기 중반에 교황이나 추기경을 섬기며 활약한 바르톨로메오 스카피*라는 요리사는 저서 『오페라』*Opera dell'arte del cucinare*에서 차바이오네zabaione 만드는 법을 소개합니다. 차바이오네란 양주를 넣어 묽게 만든 커스터드 크림(밀가루와 옥수수 녹말에 설탕, 달걀노른자, 버터, 향료를 넣어 끓인 크림−옮긴이) 같은 디저트인데, 스카피는 차바이오네 조리법에서 달걀흰자로 거품을 내는 것과 아울러 달걀과 설탕을 섞어 거품을 내는 과정을 언급합니다.

스펀지케이크(스펀지 반죽)는 거품 낸 달걀에 밀가루, 설탕 등을 가볍게 섞은 뒤 틀에 흘려 부어 오븐에서 구운 것입니다. 그런데 달걀 전체와 설탕을 섞어서 거품을 내는 간단한 아이디어를 떠올렸다는 점이 대단합니다. 이것이 바로 스펀지케이크의 기초가 되었습니다. 이것은 독일에 먼저 전해진 다음, 프랑스에도 전해진 것으로 보입니다.

아이스크림의 등장

카트린 드 메디시스가 이탈리아에서 프랑스로 전해 준 과자 중 또 하나 중요한 것이 있습니다. 그것은 빙과, 아이스크림입니다. 아이스크림이라고는 하지만, 크림이라기보다는 셔벗(소르베sorbet)이라고 해야겠지요.

얼음을 먹는 습관 자체는 로마 시대부터 있었습니다. 그러나 빙과가 널리 소비된 것은 훨씬 나중인 르네상스 시대입니다. 젤라토gelato는 아마도 16세기 초반 무렵 이탈리아에서 만들기 시작해 일부 궁정에서 사랑받기 시작한 듯합니다. 베네치아, 로마, 피렌체에서 아이스크림은 서서히 시민권을 얻어 갔습니다.

이렇게 해서 아이스크림은 카트린과 함께 프랑스로 건너왔다고 합니다. 1533년에 치른 카트린의 결혼식에서는 노르웨이의 피오르 해안에서 날라 온 얼음을 사용해 프랑부아즈(나무딸기), 오렌지, 레몬, 무화과, 건포도, 아몬드, 피스타치오 등을 넣은 셔벗을 식탁에 넘칠 만큼 빽빽하게 차려 귀족들의 혼을 쏙 빼 놓았다고 합니다. 나아가 1625년 루이 13세의 누이동생인 헨리에타 마리아Henrietta Maria와 잉글랜드 국왕 찰스 1세의 혼인을 계기로 빙과가 프랑스에서 영국으로 전해졌다고 합니다. 실로 '아이스크림은 귀부인의 꽁무니를 따라온다'고 할 만하지 않습니까?

그러나 몇 번이나 말한 것처럼 17세기 이전에는 아이스크림(크렘 글라세)보다 셔벗이 주류를 이루었던 듯합니다.(오늘날 이탈리아의 젤라토도 아이스크림이라기보다는 셔벗이잖아요.) 상류 계급이 일상적으로 진짜 아이스크림을 먹을 수 있었던 것은 부르봉 왕조의 태양왕 루이 14세(재위 1643~1715) 시대입니다. 당시 크림에 설탕과 향신료를 섞어 얼린 아이스크림을 요리사에게 전문적으로 만들도록 했기 때문이지요.

카트린 드 메디시스는 프랑스 귀족들에게 요리 말고도 식사 예절도 가르쳤습니다. 예를 들어 고기를 손에 들고 뜯어 먹던 프랑스 '야만인'에게 포크를 사용하도록 권했습니다. 여러분은 의외라고 여길지 모르겠지만, 이 시대 프랑스에서는 귀족도 아직 포크를 쓰지 않았습니다. 나아가 카트린은 향수와 양산을 가져와 프랑스 패션에 세련미를 더하는 데 공헌했습니다. 이윽고 프랑스는 이탈리아의 은혜를 까맣게 잊고, 미식에서도 패션에서도 우리가 세계를 이끌고 있다고 큰소리치기 시작했습니다.

비밀의 쇼콜라

또 하나, 혼인을 통해 프랑스에 전해진 것을 소개해 볼까요? 그것은 바로 쇼콜라, 즉 초콜릿이랍니다. 초콜릿은 이탈리아가 아니라 스페인에서 들어왔습니다.

초콜릿의 원료는 말할 것도 없이 카카오 콩입니다. 가공하지 않은 카카오 콩을 카카오라고 하는데, 카카오나무 열매를 가리키지요. 카카오가 발효와 건조 등 가공 처리를 거치면 코코아가 됩니다. 코코아 가루를 뜨거운 물에 녹인 것이 코코아차, 코코아를 갈아서 코코아 매스를 만든 다음 그것을 압착 분리해 지방을 추출한 것이 코코아 버터입니다. 그리고 반죽한 코코아 매스에 설탕과 우유(분유)를 섞어 틀에 넣어 굳힌 것이 초콜릿이고요. 하지만 이런 구분은 어디까지나 일본식이고, 프랑스어로는 코코아와 초콜릿을 아울러 '쇼콜라'라고 부릅니다.

초콜릿의 기원은 무엇일까요? 고대 멕시코인은 이미 기원전 2000년 무렵부터 카카오를 재배했습니다. 신에게 제사를 지낼 때 마시는 음료로 만들었지요. 유럽인이 초콜릿을 알게 된 것은 콜럼버스가 네 번째 항해 중이던 1502년 즈음이라고 알려져 있습니다. 그해 콜럼버스의 군대는 니카라과에 상륙했을 때 선주민이 카카오로 음료를 만든다는 것을 알았지만, 별로 흥미를 가지지 않았습니다.

초콜릿 음료를 마시는 귀족 남녀.
초콜릿용 주전자인 쇼콜라티에르에 담아 막대기로 저어 거품을 내면서 마신다.(17세기)

초콜릿을 온 세계에 알리는 데 공헌한 사람은 1519년 아즈텍 제국을 정복한 콘키스타도르conquistadòr(정복자) 에르난 코르테스*였습니다. 그는 선주민이 카카오로 음료를 만들어 마시는 것을 목격했지요. 그들은 볶은 카카오 콩을 돌판 위에 올려놓고 돌 막대기로 잘게 부수면서 끈적끈적해지도록 갈아 풀처럼 된 것을 물에 녹여 마셨습니다.

아즈텍족은 여기에 고춧가루를 넣어 아주 강렬한 매운맛이 나는 음료를 만들었지요. 자극성이 강한 이 음료에 혀를 태워 케찰코아틀Quetzalcóatl(고대 아즈텍 신화에 등장하는 태양의 신—옮긴이) 신을 향한 숭배의 마음을 더욱 드높이고자 했던 듯합니다. 달콤한 맛을 내는 일은 아주 드물었지요. 음료를 대접받은 에르난 코르테스는 소리를 질러 댔고, 본국의 스페인 사람들도 비명을 질렀습니다.

그런데 누군가 마침 그 무렵 스페인에 대량으로 들어오기 시작한 설탕을 넣어 보자고 제안했습니다. 음료는 스페인 사람도 깜짝 놀랄 만큼 맛있어졌고, 설탕이 쓴맛과 매운맛을 중화해 짙은 향을 냈다고 합니다. 스페인 왕실은 맛있어진 초콜릿이 밖으로 새어나가지 않도록 오랫동안 단속했는데, 이윽고 1606년 스페인에서 이탈리아로 초콜릿이 전해지면서 다른 나라로도 퍼져 나갔습니다.

◆　　Hernán Cortés, 1485∼1547. 쿠바에서 식민지 원정대에 근무하다가 독자적으로 군사를 이끌고 유카탄 반도로 나가 아즈텍 왕국을 점령했다. 아즈텍에 에스파냐 식민지를 건설하고 총독을 지냈다.
◆◆　　Marie Thérèse d'Autriche, 1638∼1683. 펠리페 4세의 딸이자 루이 14세의 왕비이다. 프랑스 왕실 고문인 쥘 마자랭 추기경은 합스부르크 왕가의 유전적 질병을 간파하고 마리 테레즈와 루이 14세의 결혼을 배후에서 성사시켰다고 한다.

프랑스에 초콜릿이 들어온 것 역시 궁정의 혼인을 통해서였습니다. 1615년에 스페인 아스투리아스 왕국의 안나(안 도트리슈)가 부르봉 왕조의 루이 13세와 결혼해 스페인의 우아한 풍습이 널리 퍼졌고, 그 결과, 초콜릿 음료를 마시는 풍습이 프랑스 왕실에서 프랑스 귀족으로 전파되었습니다. 루이 13세의 아들이자 아이스크림과 관계가 있는 태양왕 루이 14세의 왕비도 스페인 왕녀 마리 테레즈**였습니다. 1660년에 마리 테레즈를 따라 프랑스로 온 일행 중에는 초콜릿 음료를 만드는 솜씨가 뛰어난 시녀들이 있었습니다. 그런데 태양왕은 초콜릿을 싫어했습니다. 그래서 초콜릿이라면 사족을 못 쓰는 왕비는 초콜릿 음료를 왕 몰래 마셔야 했답니다. 이리하여 프랑스 상류사회에는 눈 깜짝할 사이에 초콜릿이 유행처럼 번졌습니다. 1670~1680년 무렵 프랑스인은 마르티니크 섬에서 카카오를 재배하기 시작했고, 1760년에는 왕립 초콜릿 공장까지 세웠지요. 초콜릿에는 건강에 좋은 영양소가 들어 있다는 평가가 있는가 하면, 몸에 나쁘다는 비난을 받기도 했습니다.

초콜릿 과자의 확산

초콜릿이라고 해도 그때까지는 죽 '음료'였습니다. 오늘날과 같은 고형 초콜릿은 1847년 영국에서 만들어졌다고 하네요. 초콜릿의 시대는 조금 후대이기는 하지만, 여기에서 소개해 두기로 합니다.

초콜릿이 맨 처음 과자 재료로 쓰인 증거는 1746년 므농Menon 이 쓴 『부르주아 가정의 여자 요리사』*La cuisinière bourgeoise*라는 책에 나옵니다. 베르사유 궁정에서 요리사로 일하던 므농은 파리에 사는 부르주아 가정의 주부에게 자신의 기술을 전수하고자 이 책을 썼습니다. 어떤 재료를 가지고 어떻게 조리하면 좋은지, 부르주아 계급이 건강을 지키려면 어떤 요리법이 적당한지, 먹을거리별로 자세하게 지시하고 있지요.

므농은 과자류에 관한 대목에서 다양한 타르트, 파이 외에도 온갖 과일 콩포트compote(과일을 통째로 설탕에 졸여 차게 식힌 디저트—옮긴이), 마멀레이드, 잼, 당과, 비스킷 종류를 매우 중점적으로 다루었다는데, 이를 통해 디저트에 특히 힘을 기울였음을 짐작할 수 있습니다. 바로 여기에 '커피와 초콜릿 설탕 절임' 및 '초콜릿이 들어간 비스킷' 만드는 법이 등장합니다.

나폴레옹의 제1 제정 이후부터 초콜릿 과자를 만드는 일이 매우 활발해집니다. 초콜릿 페이스트를 바른 봉봉은 마리 앙투아네트가 아주 좋아하는 과자였고, 프랑스 궁정인은 사향 냄새가 나는 쇼콜라 봉봉을 갖고 다니는 것을 우아한 습관으로 여겼던 듯합니다.

미식 평론가 브리야사바랭*은 『미각의 생리학』(1825)에서 상당한 지면을 할애해, 초콜릿 음료가 건강에 좋다고 주장하고 초콜릿 음료를 맛있게 만드는 방법을 가르칩니다. 또 프랑스에서 일상 음료로 먹는 방식 외에 크림 속에 넣거나 아이스크림이나 고형으로 만들거나 달콤한 과자 속에 넣는 등 초콜릿을 다양하게 맛볼 수 있는 방식을 소개하고 있습니다.

그보다 조금 이른 시기, 성적으로 문란한 소설로 유명한 소설가이자 프랑스 혁명기 귀족인 사드Marquis de Sade는 1778년 바스티유 감옥에서 아내에게 자신을 위해 초콜릿 케이크를 만들어 달라고 편지를 썼는데, 정성을 다해 세세한 조건까지 달아서 주문했다고 합니다.

나아가 과자를 좋아한 작가 마르셀 프루스트Marcel Proust는 대표작 『잃어버린 시간을 찾아서』À la recherche du temps perdu에서 초콜릿 케이크를 언급합니다. 어느 다과회에 참석한 화자가 자신이 사랑하는 질베르트가 잘라 주는 초콜릿 케이크를 받는 장면을 이렇게 쓰고 있습니다. 질베르트는 "웅장하기도 하고 부드러우며 친근한 과자 건물" 또는 "수도 니네베를 옮겨 놓은 듯한 과자"의 "망가진 기념물로부터 새빨간 과일이 콕콕 박혀 있고 윤기가 흐르는 오리엔트풍 벽면 한 쪽을 잘라 내어 통째로 내게 건네주었다."

이러한 프루스트의 표현에는 이국의 정서와 성애, 파괴하여 정복

◆　Jean Anthelme Brillat-Savarin, 1755~1826. 변호사 집안 출신으로 1778년에 고향 벨레에서 변호사 생활을 했다. 프랑스 혁명 당시 독일과 스위스를 거쳐 미국으로 망명했다가 귀국 후 프랑스 최고법원의 판사가 되었다. 귀국하면서부터 미식가로 명성을 얻기 시작했고, 지금까지 미식 평론가로 더 유명하다. 대표 저서로 『미각의 생리학』(*Physiologie du goût: ou méditations de gastronomie transcendante, ouvrage théorique, historique et à l'ordre du jour*, 국내에서는 '미식 예찬'으로 번역됨)이 있다.

한 것을 '맛보는' 기쁨, 다툼과 성적 유희를 통해 서로 밀고 당기는 긴장이 담겨 있습니다. 이런 표현은 모든 과자에 다 해당할지도 모르겠지만, 비할 바 없이 달고 검은 '초콜릿 케이크'에는 더욱더 어울리는 것 같지 않나요?

종교전쟁의 시대

시대를 훨씬 앞서 나간 이야기를 좀 했는데, 이제 카트린 드 메디시스의 결혼 이후인 16세기 후반, 즉 발루아 왕조의 앙리 2세 시대로 다시 돌아가지요. 이즈음 프랑스는 대단히 험악한 사태에 직면했습니다. 그때부터 종교개혁으로 탄생한 위그노(프랑스 칼뱅파 프로테스탄트)와 가톨릭 세력이 서로 대립하는 비참한 '종교전쟁' 시대가 오랫동안 이어졌기 때문입니다.

　독일의 신학자 마르틴 루터가 비텐베르크에서 부패한 가톨릭교회를 규탄하는 95개조를 발표하자마자, 곧바로 새로운 사상(프로테스탄티즘)이 프랑스로 들어왔습니다. 그러나 그보다는 제네바에서 장 칼뱅이 새로운 기독교를 창시한 일이 프랑스에 더욱 커다란 영향을 미쳤습니다. 칼뱅은 루터의 복음주의 입장을 견지하면서도 종교의 규율을 더욱 엄격하게 따름으로써 신도가 한층 더 성스러운 생활을 하는 것을 중시했습니다. 또한 신에 의해 구원을 받는 자와 멸망할 자는 미리 결정되어 있다는 예정설을 택했습니다. 그가 생각하기에 교회와 사제보다는 신과 신자 사이의 직접적이고 개인적인 만남이 중요했습니다. 이러한 칼뱅주의는 앙리 2세 시대의 프랑스에서 다수의 설교사에게 지지를 얻었고, 귀족과 부르주아도 자기편으로 끌어들였습니다. 프로테스탄트는 1520년 무렵부터 늘어나기 시작해 1562년에는 인구의 10퍼센트에 이르렀지요.

이렇게 해서 신앙 세계가 가톨릭과 프로테스탄트 둘로 나뉜 프랑스에서는 앙리 2세와 카트린 사이에 태어난 세 명의 자식, 즉 프랑수아 2세, 샤를 9세, 앙리 3세가 통치하는 동안(1559~1589) 종교전쟁이 끊이지 않았습니다. 국토는 분열 위기에 몰렸지요.

각각의 진영이 외세로부터 지원을 얻으려고 했기 때문에 사태는 더욱 악화되었습니다. 이를테면 프로테스탄트는 잉글랜드 여왕 엘리자베스 1세(재위 1558~1603)에게 자기들을 도와주면 백년전쟁 때부터 분쟁 지역이었던 칼레 지방을 돌려주겠다는 약속까지 했습니다. 그곳은 1558년에 프랑스의 기즈 공*이 잉글랜드로부터 빼앗은 땅이었습니다. 가톨릭이 정치 실권을 쥐었던 부르고뉴 지방이나 랑그도크 지방에서는 각각 기즈Guise 가문과 몽모랑시Montmorency 가문이 프로테스탄트에 반대하는 정책을 강력하게 추진했습니다. 1572년에는 두

◆　François de Lorraine Guise, 1519~1563. 프랑스 장군으로 앙리 2세 휘하에서 신성로마제국의 황제 카를 5세에 대항해 메스 지역을 지키고 잉글랜드의 최후 거점인 칼레를 탈취했다. 기즈 가문에 대한 '앙부아즈의 음모' 사건을 탄압하고 위그노 전쟁 때 구교도를 이끌고 출전해 승리했다.

진영의 화해를 꾀하기 위해 샤를 9세의 누이 마르그리트 드 발루아 Marguerite de Valois(가톨릭)와 나중에 부르봉 왕조를 세우는 앙리 드 나바르Henri de Navarre(위그노)의 결혼식을 거행했습니다. 그런데 바로 그날 가톨릭인 기즈 공이 결혼식에 참여하려고 모여 있던 위그노 귀족들을 덮쳤습니다. 이 사건의 여파로 며칠 뒤에는 위그노 수만 명이 살해당하는 사태(성 바르톨로메오 축일의 학살)에 이르렀습니다.

그 후에도 갖가지 혼란이 이어졌지요. 특히 1588년 앙리 3세의 명으로 기즈 공이 암살당하자, 1589년 소르본대학 신학부는 집회에서 폭군(앙리 3세)으로부터 프랑스 신민을 해방하고 종교를 지키기 위해 왕권에 무력으로 대항해도 좋다고 결의했습니다. 그런데 그로부터 6개월 후, 수도사 자크 클레망Jacques Clément이 정말 왕을 암살해 버렸습니다. 그래서 발루아 왕조가 막을 내리고 부르봉 왕조의 시대가 열렸습니다.

앙리 드 나바르가 프랑스 왕위에 올라 앙리 4세(재위 1589~1610)가 되었습니다. 그러나 앙리 4세는 프로테스탄트였기 때문에 가톨릭 동맹의 과격파에게 인정받지 못했습니다. 앙리는 다시 한 번 프랑스를 정복하고, 나아가 1593년에 특히 파리에서 강력한 힘을 지닌 가톨릭으로 개종해야 했습니다. 왕위에 오른 앙리는 1598년에 위그노에게도 가톨릭과 거의 동등한 권리를 인정하는 낭트 칙령을 발표해 종교 전쟁을 종식시켰고, 그 후 대신인 막시밀리앵 드 베튄 쉴리*의 도움을 받아 왕국을 안정시키고자 애썼습니다.

앙리 4세는 결국 1610년에 열광적인 가톨릭 교도였던 프랑수아 라바야크François Ravaillac의 손에 암살당하고 말았지만, 그의 아들 루이 13세는 꽤 힘 있는 왕국을 물려받았습니다. 간난신고와 희생을 치르기는 했지만, 마침내 절대왕정이 도래한 것입니다. 신교도에게도 신앙의 자유가 주어져야 마땅했지만, 프랑스에서는 은밀하게 위그노에게 압력을 가했고, 대개는 가톨릭의 원리에 따라 정치와 사회가 움직였습니다.

가톨릭과 미식

이리하여 프랑스는 또다시 '가톨릭 왕국'이 되었고, 미식에 대한 관심이 고조되었습니다. 일반적으로 대륙의 가톨릭 국가에서는 맛있는 것을 좋아하고 미식에 애착을 갖는 것을 기독교 문명 형성에 기여하는 훌륭한 취미로 여기고 허용하는 분위기였습니다. 프로테스탄트 국가인 독일이나 잉글랜드보다 가톨릭 국가인 프랑스와 스페인, 이탈리아에서 '맛있는 것'을 왕성하게 추구했다는 점은 이런 분위기와 관계가 있습니다.

◆　　Maximilien de Béthune Sully, 1560~1641. 재정 장관에 임명된 후 30년의 내란으로 상처투성이가 된 국가의 부흥에 힘썼다. 농업을 프랑스의 기간산업으로 정해 농민의 직접세를 경감하고, 개간과 매립 공사를 추진하며 목초 재배를 장려해 생산 향상을 촉진하는 한편, 군비 확충에도 힘을 쏟았다.

가톨릭 엘리트들이 누린 분방한 식탁

프로테스탄트 엘리트에게 주어진 간소한 식탁

잉글랜드 같은 프로테스탄트 국가에서는 요리와 음식은 굶주림을 면하기 위한 것일 뿐 일부러 식욕을 불러일으키는 것은 바람직하지 않다고 여겼습니다. 시장에서 비싼 값을 주고 음식을 사 먹기보다는 자신의 텃밭에서 키운 것을 먹는 것이 더 좋다고 생각했고, 어디까지나 건강에 좋은 알차고 든든한 먹을거리를 권장했습니다. 요리책에서도 단순함과 절약을 매우 추어올리고 있지요. 프로테스탄트 국가에서는 프랑스나 이탈리아의 미식 노선, 다시 말해 요리를 사교와 행복한 생활의 일부로 삼을 뿐 아니라 예술의 한 분야로 승격하는 데 거부감을 표명했습니다.

그런데 가톨릭 국가의 관점에서는 미식과 성실, 예절이 전혀 상충하지 않았습니다. 미식가는 대식가, 먹보, 술주정꾼과는 다르다고 보는 것입니다. 먹고 마시며 솔직하게 쾌락을 누리는 것이 어째서 악에 속하느냐는 말이겠지요. 물론 절도는 지켜야 하고, 맛있는 음식에만 마음을 빼앗겨 먹는 것을 유일한 목적으로 삼아서는 안 되겠지만요.

　교회는 과도하게 사치스럽고 세련된 먹을거리를 쾌락적으로 향유하는 것을 금했지만, 그것도 사회적 신분, 연령, 성별에 따라 달랐습니다. 사교나 예의를 중시한 가톨릭교회는 그런 것을 가르치는 곳으로 식탁을 꼽았습니다. 다만 세 끼 식사 사이에 먹는 간식, 비밀스럽게 몰래 먹기, 그리고 과식 등은 금기시했습니다. 한마디로 가톨릭교회는 식사와 식탁을 통해서 문명인에 합당한 예의와 행동거지, 점잖고 조신하게 사교에 임할 수 있는 인간과 사회의 엘리트를 키우고자 했던 것입니다.

Saint-honore, Eclair,
mille-feuille, Croissant & Cafe au lai

3장

절대왕정의 화려한 디저트

절대왕정과 사법

프랑스에서 17세기는 위대한 세기라고 알려져 있습니다. 리슐리외 Armand Jean du Plessis de Richelieu, 마자랭Jules Mazarin, 콜베르Jean Baptiste Colbert 등 역사에 이름을 남긴 유능한 정치가(재무 장관, 재상)의 보필을 받은 루이 13세와 루이 14세 시대는 프랑스 왕권이 실로 절정에 이른 때였습니다. 절대왕정론이 널리 확산되면서 지방에서는 영주권을 제한하려는 국왕 관리의 주요한 버팀목이 되었습니다. 지방 장관 제도를 전국적인 규모로 확립해 사법, 재정, 치안 유지 등의 영역을 장악해 갔습니다.

정의, 즉 사법이야말로 나라를 통합하는 데 강력한 힘을 발휘한다는 것이 밝혀졌습니다. 프랑스에는 지방마다 고유한 법률이 있었지만, 파리의 관습법이 전국적으로 통용되는 경향이 있었습니다. 왕을 보좌하는 관료도 새로워졌는데, 부를 축적한 부르주아 계급이 관직을 사들이고 세습하는, 이른바 법복귀족(관직 귀족)이 고등법원을 구성하고 있었지요.

파를망parlement이라고 하는 고등법원은 혁명 전 프랑스의 최고

무도회에서 과자를 나누어 주다

사법기관인데, 파리 이외에도 툴루즈, 보르도, 디종, 엑상프로방스, 루앙, 렌 등 12개 도시에 지방 고등법원이 있었습니다. 각 고등법원은 최고 재판소의 역할을 해냈고, 여기서 내린 판결에 대해서는 원칙적으로 항소할 수 없었습니다. 초심 재판소에 해당하는 것이 앞서 82쪽에 나온 바야주 또는 세네쇼세입니다. 왕의 명령(왕령)은 고등법원에 등록하지 않으면 효력이 발생하지 않았는데, 고등법원은 등록을 거부할 권한이나 왕에게 의견을 내는 권한인 건백권建白權도 갖고 있었습니다. 그러나 왕은 친재좌親裁座(lit de justice, 중세 말부터 프랑스 국왕이 의회에 참석할 때에 사용한 가림막 달린 왕좌─옮긴이)를 설치해 왕령 등록을 강요하게 되지요. 지방의 고등법원은 지방 민의를 대표한다고 자부하고 있었고, 평정관評政官들은 점차 커지는 왕권과 종종 충돌했습니다. 그래서 고등법원은 절대왕정을 지원한 측면과 그것에 대항한 측면을 모두 가지고 있는데, 프랑스 혁명이 일어나는 계기 중 하나도 고등법원이 일련의 왕정 개혁에 반대했기 때문입니다.

왕은 부르주아 출신의 법복귀족과 중세 이래의 봉건귀족 양쪽으로부터 독립적이고 초연한 '조정자' 역할을 스스로 떠맡으며 절대적 권력을 장악해 갔다고 할 수 있습니다. 왕은 상인 부르주아 계급의 요구를 받아들여 중상주의(귀금속 획득을 목적으로 삼는 중금주의와 그에 이어 등장해 상공업 보호를 지향한 무역 차액주의)를 시행했고, 그 결과 금은이 끊임없이 유입되어 물가가 치솟았습니다. 그러나 부르주아는 집을 짓고 가구를 사들이고 몸을 치장하는 데 여념이 없는 호화스러운 생활을 누리며 귀족을 위협하면서 법복귀족 안으로 파고들어 갔습니다.

절대왕정과 베르사유 궁전

왕권은 고등법원의 견제를 받으면서도 절대왕정의 내실을 다져 나갔습니다. 그와 병행해 수도 파리의 경관도 장엄한 위용을 갖추어 나갔지요.

자크 르메르시에,* 프랑수아 망사르** 같은 건축가의 활약으로 파리는 건축을 쇄신해 왕도에 어울리는 위세를 갖추었습니다. 그리하여 합리적이고 정연한 건축물이 늘어섰지요. 프랑스 건축은 프랑수아 망사르 덕분에 드디어 이탈리아의 영향에서 벗어나 고전주의 양식을 확립했습니다. 궁전과 성관城館은 잘 꾸며진 기하학 정원과 어우러지도록 조성했습니다. 살로몽 드 브로스***는 피네 뤽상부르 공작인 프랑수아 앙리 드 몽모랑시의 저택인 뤽상부르 궁전을 설계했는데, 이 건축물은 나중에 루이 13세의 모친인 마리 드 메디시스****를 위해 개축

◆　　　Jacques Lemercier, 1585~1654. 루이 13세 당시 리슐리외에 의해 왕실 건축가로 임명되었다. 루브르 궁전 확장 공사를 담당했고, 훗날 팔레 루아얄로 불리는 리슐리외의 성관, 소르본 교회(1635년 착공) 등에 관여하고 망사르의 후임으로 파리의 바르드 그라스 교회(1646년 착공)의 공사를 맡았다.
◆◆　　François Mansart, 1598~1666. 바로크 양식과 프랑스 전통 건축을 조화해 독자적 양식을 구축했다. 메종라피트 성관의 외관과 블루아 성의 가스통 도를레앙 성관에서 망사르의 건축적 특징을 볼 수 있다.
◆◆◆　Salomon de Brosse, 1571~1626. 바로크 양식의 선구자로, 뤽상부르 궁전을 설계하고 개축했다. 아르쾨이 수로 공사에도 참여했다.
◆◆◆◆ Marie de Médicis, 1573~1642. 앙리 4세가 마르그리트 드 발루아와 이혼한 뒤 맞이한 두 번째 왕비.

되었습니다. 그 밖에도 수많은 공공 건축과 궁전을 지어 왕의 영광을 널리 알렸습니다.

이 시대 유럽에서는 바로크라 일컫는 예술 양식이 유행했습니다. 주로 이탈리아, 스페인, 독일에서 널리 퍼진 바로크 양식은 르네상스 양식의 조화, 균형, 완전성과는 달리 약동감과 대조가 뚜렷한 격정적인 표현이 특징이었습니다. 그러나 프랑스에는 바로크가 없었고, 있다고 해도 고전주의적인 바로크였습니다. 다시 말해 그리스와 로마의 격조 높은 형식미를 부흥하자는 경향(고전주의)을 고집해 장대하고 호사스러우면서도 질서가 느껴지는 기풍을 담아냈지요. 구불대거나 물결치는 듯한 다른 지역의 바로크와는 아주 달랐습니다.

이런 경향을 드러내는 최고의 결과물이 루이 14세가 정열을 쏟은 베르사유 궁전입니다. 루이 14세는 루이 13세가 사냥할 때 머무르기 위해 지은 베르사유 별궁에 호화로운 장식을 더하는 동시에 두 날개를 덧붙여 왕가와 궁정의 모든 사람을 수용할 수 있도록 했습니다. 나아가 건물 전체를 넓디넓은 정원으로 둘러싸서 마치 하나의 마을처럼 조성했지요. 베르사유 궁전 전체는 프랑수아 망사르가 설계를 담당했고, 앙드레 르 노트르*****가 여러 기술자들을 모아 수로를 파고 정원을 만들었습니다. 그는 폐쇄적인 정원이 아니라 훨씬 먼 곳을 조망할

왕이 죽고 아들 루이 13세가 즉위하자 섭정이 되어 전왕의 신하들을 멀리하고 리슐리외를 고문관으로 발탁했다. 정권을 둘러싸고 아들과 싸움을 계속하다가 블루아로 추방당했다.
***** André Le Nôtre, 1613~1700. 루이 14세의 궁정 조경사였으며, 조경에 있어 프랑스에 알맞은 형태인 평면원(平面園) 수법을 고안했다. 보 르 비콩트 정원과 베르사유 궁원이 대표작이다.

궁전 건물을 짓기 시작한 초기의 베르사유 궁전

수 있는 개방적인 정원을 만들고자 했지요. 그래서 중심축이 한없이 뻗어 있고, 거기에 몇 개나 되는 대칭적인 수평선이 모여 먼 곳으로 시선을 이끌도록 설계했습니다. 이러한 개개의 요소가 반복되며 무한을 정복한다는 관념을 실현할 계획이었지요.

이후 프랑스는 더 이상 이탈리아 르네상스처럼 왕이 문예를 비호하는 시대가 아니었습니다. 예술가는 왕의 영광을 위해 창작하고 문화는 왕의 위광을 뽐내기 위해 존재한다는 논리가 지배했던 것입니다.

프랑스인은 미식가?

이제 절대왕정 시대의 요리에 대해 살펴볼까요? 어느 정도 오늘날의 시각에서 생각해 봅시다. 프랑스 사람은 줄곧 자기들 땅에서 난 식재료로 만든 요리가 세계 제일이라고 믿었고, 세계 각국 사람들도 프랑스 요리야말로 최고라고 평가해 왔습니다. 지금도 프랑스 요리 숭배자가 두드러지게 많은 것은 도대체 무슨 영문일까요?

프랑스인의 일상적인 식사가 특별히 맛있다거나 훌륭해 보이는 것은 아닙니다. 그들이 자주 이용하는 카페에서 맛없는 냉동 스튜나 아주 단순한 스테이크, 그저 물에 넣어 삶기만 한 시금치와 콩을 먹어 본 적 있는 사람이라면 누구나 이런 지적을 수긍할 것입니다. 또한 최근 실시한 설문들만 보더라도 프랑스인이 먹을거리에 대한 지식이 더 풍부하다든가 미각이 유달리 예리한 것은 아니라는 사실을 알 수 있습니다. 풍요로운 자연, 지방 요리의 전통은 특별히 프랑스에만 해당하는 것도 아닙니다.

만약 프랑스인이 자기들한테는 매우 뛰어난 전통적 요리 기법이 있다고 뽐내듯 말한다면 다른 나라의 은혜, 특히 사람 좋은 이탈리아로부터 온갖 덕을 본 것을 새까맣게 잊어버리고 딴전을 피운다고 해야 할 것입니다. 만약 손이 많이 가는 세련된 요리를 미식의 판단 기준으로 삼는다면, 일본이야말로 미식의 왕국이라는 이름을 얻을 민하지요.

그럼에도 '요리는 프랑스가 제일'이라는 대답이 늘 돌아온다면, 좀 심하게 말해서 온 세계가 '프랑스 미식 신화'에 계속 놀아났다고 할 수 있지 않을까요?

국가 전략으로서의 프랑스 요리

그러나 모두가 '미식 신화'에 속아 넘어간다는 것은 위대한 사업이 결실을 맺은 것입니다. 절대왕정 시대에 들어와 미식 신화는 국가적 차원에서 통치와 외교 수단으로 자리 잡았습니다. 산해진미를 욕망하는 국왕과 궁정이 선두에서 깃발을 휘두르고, 신하들이 그것을 본받아 아름답고 풍요로운 식생활에 관심을 쏟음으로써 프랑스 요리는 발전했지요. 그것은 테이블 아트나 미려한 상차림, 식사 예절까지 아우르는 종합예술이었습니다. 프랑스 요리는 지방의 식자재나 지방 요리의 장점을 취하면서도 도시, 특히 파리를 중심으로 세련미를 더해 중앙집권적이고 하나로 통합된 국가 요리로 모습을 갖춰 갔지요. 그것이 곧 루이 14세 시대 때 베르사유에서 본래적인 고급 요리의 자리에 올랐습니다. 그리고 마침내 프랑스의 영광이 드높아지는 분위기를 타고 국외로 뻗어 나갔습니다. 왕정이 무너지고 나서 공화정이 성립하든 제정이 성립하든, 오늘날까지도 권력자들은 항상 프랑스 국가의 상징으로서 프랑스 요리를 선전하며 외교 수단으로 삼고 있습니다.

흥미롭게도 유럽의 다른 나라로부터 숱하게 약탈당하던 프랑스는 절대왕정 시대에 모방과 동경의 대상이 되었습니다. 이러한 변화는 식문화뿐만 아니라 독일의 포츠담이나 이탈리아의 카세르타, 오스트리아의 빈 등 유럽 각지에서 베르사유 궁전을 모방하고 프랑스식 정원을 흉내 냈다는 점에서도 엿볼 수 있습니다. 그리하여 유럽에서는 프랑스를 최고 모범으로 여기는 고전주의 예술이 꽃을 피웠고, 프랑스는 다른 나라들이 추종하는 나라가 되었습니다.

앙시앵레짐 시대에 프랑스 국왕이었던 발루아 왕조의 프랑수아 1세와 앙리 2세는 먹을거리나 패션이 지배 도구로서 정치적으로 커다란 영향력을 행사할 수 있다는 점을 깨달았습니다. 그들은 기회가 있을 때마다 화려한 연회를 열어 휘하의 귀족들이 눈으로 볼 수 있도록 권력을 과시했습니다. 부르봉 왕조의 루이 14세 치하에서는 식자재 본연의 순수한 맛이 돋보이도록 단순한 향신료를 사용하는 것이 보편화된 동시에 음식의 색깔이나 모양, 차림새, 그릇, 식탁 꾸밈 등에 힘을 쏟기 시작해 오감을 자극하는 요리를 즐기는 풍조가 생겨났습니다.

그러면 루이 14세의 식탁은 어땠을까요? 그때까지는 왕의 대식가다운 풍모가 도드라졌던 듯합니다. 스프 4인분, 통째로 올린 꿩 한 마리, 그리고 야생 메추라기 한 마리, 거대한 샐러드, 햄 두 덩어리, 마늘이 들어간 육즙을 끼얹은 양고기, 그리고 디저트(과자) 한 접시와 과일, 삶은 달걀 등 왕의 식욕은 여간해서는 채워지지 않는 듯했습니다.

세계를 지배하는 왕은 식탁도 지배해야 했는데, 그러기 위해서는 누구보다 더 많이 먹어야 했던 것입니다. 이런 점은 카롤링거 왕조의 샤를마뉴도 똑같았습니다. 한편, 이 시대에는 양념을 단순화하는 등 근대 요리를 향한 첫걸음을 내디뎠고, 그때까지 없던 과자를 먹기 시작했습니다. 하지만 더욱 세련되고 섬세한 먹을거리가 대량으로 등장한 것은 루이 15세 이후였습니다.

루이 I4세의 절대왕권

태양왕이라 불리는 루이 14세는 어떤 인물이었을까요? 부왕이 세상을 뜬 1643년, 루이 14세는 아직 네 살 반이었기 때문에 모친인 안 도트리슈가 마자랭 추기경과 함께 섭정을 펼쳤습니다. 1661년까지는 마자랭이 실권을 쥐고 있었던 것 같은데, 그는 루이 13세 시대의 재상 리슐리외가 벌인 30년 전쟁(1618~1648)을 계속 수행했습니다.

　30년 전쟁은 유럽 각국이 가톨릭과 프로테스탄트로 나뉘어 벌인 전쟁입니다. 전쟁이 끝나갈 무렵, 프랑스는 가톨릭 국가임에도 국익을 중시해 프로테스탄트 쪽인 스웨덴과 보조를 맞추어 참전했습니다. 그러나 이 전쟁은 재정을 악화시켜 증세와 경제 위기를 불러왔고, 이로써 절대왕정에 불만을 품은 고등법원과 귀족, 그리고 민중이 반란을 일으켰습니다. 그중 하나가 프롱드의 난La Fronde(1648~1653)입니

루이 14세

다. 30년 전쟁이 끝난 뒤 프랑스는 베스트팔렌 조약으로 알자스 지역 거의 대부분과 로렌 지방 일부를 차지했습니다. 그러나 스페인과는 1659년까지 싸움을 지속합니다. 피레네 조약으로 몇몇 영토를 더 얻었고, 루이 14세는 스페인 왕녀이자 초콜릿을 좋아한 오스트리아의 마리 테레즈와 결혼했습니다.

1661년 마자랭이 죽자, 루이 14세는 친정親政을 선언하고 재상도 두지 않았습니다. 비서관들에게는 엄격한 복종을 요구하고 왕이 없는 곳에서는 아무것도 결정하지 않도록 명령했습니다. 왕은 확실하게 자신에게 복종하도록 대신들을 부르주아 계급에서 선택하기까지 했습니다. 콜베르, 미셸 르 텔리에Michel le Tellier(루부아 후작) 등이 대표적인 인물이지요. 중요한 결정은 3∼5명의 대신만 참가하는 최고 고문회의에서 결정했습니다. 또한 고등법원은 원래 왕령을 등록할지 말지를 결정할 수 있었지만, 1673년 루이 14세는 여러 법원에 왕령을 평가하거나 의논하지 말고 투표 없이 등록하도록 명했습니다. 그리하여 지방의 삼부회는 소멸해 버렸습니다. 또한 콜베르와 함께 재판을 개혁해 일련의 왕령 또는 법령 가운데 왕국에 전체적으로 응용 가능한 것을 편집하도록 했는데, 그것이 프랑스 전체에 적용하는 법령집이 되었습니다.

지방 대관은 유례가 없을 정도로 충실한 '왕의 나팔수'가 되어 프랑스 각지를 왕에게 복종시켰습니다. 그때까지 지방 통치자이기도 했던 고급 귀족은 자기 군대를 보유하는 것마저 금지당한 채 궁정 안에서 생활할 수밖에 없었습니다. 본래 자신의 충복과 지지자들에게 은혜를 베풀어 권력의 기반을 다져 온 만큼, 더 이상 그들과 함께할 수 없다는 것은 귀족에게 뼈아픈 타격이었습니다. 또한 세습 관료를 믿지 않았던 왕은 자기 권한으로 면직할 수 있는 위원들에게 귀족의 직책을 부여했습니다. 이렇게 관리를 점점 더 왕에게 복속시킴으로써 귀족이 누리던 온갖 정치권력을 박탈했던 것이지요. 베르사유 궁전 안에 갇혀 얌전하게 길들여진 귀족들의 유일한 관심사는 오로지 왕에게 인정받는 것이었습니다. 조금이라도 왕의 눈에 더 잘 띄기 위해 귀족들은 상식에 벗어날 정도로 재물을 뿌려 댔고, 사치스러운 생활을 지속하기 위해 왕이 하사하는 연금만 바라보는 처지가 되었습니다.

태양왕의 영광과 소락

루이 14세는 근대식으로 군대를 잘 훈련시킨 덕분에 통치 전반기에 빛나는 승리를 거두었지요. 네덜란드를 침략하려는 의도로 시작했던 귀속 전쟁(네덜란드 계승 전쟁, 1667~1668), 네덜란드 전쟁(1672~1678) 등에서 승리해 프랑스는 플랑드르 일부와 프랑슈콩테를 얻었습니다. 현재 프랑스의 국경은 이 시기에 확정된 것입니다. 그 밖에도 스트라스부르 등을 전쟁도 하지 않고 판결, 즉 옛날 조약을 해석해 차지했습니다. 법률을 통한 이러한 합병이 가능했던 것도 태양왕의 힘이 강력했음을 보여 줍니다.

1685년에는 앙리 4세가 공포한 낭트 칙령(101쪽)을 폐지하고 프로테스탄트 국가를 등지고 맙니다. 만년에는 스페인 계승 전쟁(1701∼1714)을 일으키는데, 이때부터 태양왕의 위세에도 변화의 조짐이 보입니다. 확장 일로에 있던 프랑스는 이 전쟁이 끝난 뒤 위트레흐트 조약*으로 고개가 수그러들고 영국이 우위를 차지하는 시대가 막을 올립니다.

경제적 상황을 보면, 루이 14세의 친정 후반기에는 화폐 부족으로 경제가 위축되고 상인과 직인의 활동도 쇠퇴해 국가 재정도 쪼들리기에 이릅니다. 1660∼1680년은 프랑스가 어려움을 겪은 시기입니다. 콜베르는 통제 경제를 통해 금은이 국외로 빠져나가는 것을 어떻게든 막으려고 했습니다. 또한 고블랭(융단이나 벽걸이 장식으로 쓰이는 프랑스 직물―옮긴이)이나 담배 등을 생산하는 왕립 공장을 세우는 동시에 민간 공장도 조성하고 감독했으며, 농업 분야에서는 공업용 원료를 재배하도록 장려했습니다. 하지만 이것도 재정을 다시 일으키기에는 역부족이었지요. 경제 위기의 주된 원인은 국왕의 지나친 낭비벽, 그리고 세제와 재무의 결함 때문이었습니다. 이러한 침체기에 이익을 본 것은 일부 상인과 밀을 거래하는 투기꾼뿐이었습니다.

◆ 1713년 3월~5월에 네덜란드 위트레흐트에서 프랑스와 스페인이 교전국인 네덜란드, 영국, 사보이 공국 등과 개별적으로 맺은 강화 조약들의 조합. 이로써 스페인 계승 전쟁이 종결되었고, 프랑스의 대륙 지배가 좌절되고 영국이 가장 많은 이득을 보았다.

설탕 제국의 성립

17세기 중반 이후에는 더 많은 사람이 설탕에 흠뻑 빠져들었고, 그 결과 가격도 손에 넣기 쉬울 만큼 내려갔습니다. 설탕이 이전에 비해 눈에 띄게 대량으로 들어왔기 때문입니다.

설탕을 대량으로 얻기 위해서는 노예를 확보해야 합니다. 사탕수수 재배는 대서양의 서인도 제도에 있는 플랜테이션 농장에서 이루어졌기 때문입니다. 프랑스는 17세기 말부터 앤틸리스 제도에서 플랜테이션을 시작했습니다. 맨 처음에는 스페인이 교황으로부터 서아프리카에서 노예를 조달할 권리를 부여받아 대서양에서 사탕수수 재배를 주도해 나갔지요. 이후 18세기에 들어와서는 영국, 그 뒤를 이어 프랑스가 설탕 경제를 중시해 유럽에서 패권을 쥐었습니다. 두 나라는 앙숙처럼 상대의 경제를 압박하려고 했습니다. 프랑스도 영국, 스페인, 포르투갈 등과 마찬가지로 흑인을 대량으로 끌고 와 플랜테이션을 경영했기 때문에 앤틸리스 제도는 곧 네그리튀드négritude(흑인성)의 대지가 되었습니다.

1715년에는 프랑스령 앤틸리스 제도에서 생산한 사탕수수 생산량이 영국령 앤틸리스 제도의 생산량에 근접합니다. 그 후 1730년까지 설탕 산업이 크게 발전해 프랑스가 유럽 시장에서 우위를 점했습니다. 특히 산토도밍고의 생산량이 많았습니다. 혁명 전야에는 연간 설탕 8만 6,000톤이 이들 식민지에서 프랑스로 들어왔습니다. 이것

말고도 3만 톤 정도가 밀수입되었다고 추측해 보면, 설탕 유입량은 훨씬 더 많았을 것입니다.

프랑스산 설탕 가격이 더 내려갔기 때문에, 프랑스가 대서양에서 모아들인 설탕을 네덜란드나 다른 북구의 선박이 암스테르담, 라인 계곡, 발트 해 등을 거쳐 유럽 각지로 실어 나르는 식으로 국가 간 분업이 이루어졌습니다. 그러자 일찍이 관계가 밀접했던 네덜란드와 영국이 소원해졌지요. 이윽고 미국 독립 전쟁 즈음에 네덜란드는 영국에 대항해 프랑스와 연합하기에 이릅니다. 실로 '설탕의 힘은 위대할지니!' 입니다.

이렇듯 프랑스의 식민지 제국이란 무엇보다 '설탕 제국'이었습니다. 당시 프랑스 사람들을 열광시킨 것으로는 설탕을 제외하면 금은 같은 귀금속 정도가 있었는데, 그마저도 설탕에 비하면 하찮을 정도였습니다. 프랑스 사람들이 열렬히 추구한 것은 후추 같은 향신료도 아니고, 차나 커피나 면화도 아니고, 나아가 인디고 염료와 카카오도 아니었습니다. 커피나 초콜릿이 인기를 끈 것도 설탕이 있기 전에는 언감생심이었습니다.

설탕 전쟁

오스트리아 왕위 계승 전쟁(1740~1748), 7년 전쟁(1756~1763), 미국 독립 전쟁(1775~1783)과 같은 시기에 영국과 프랑스도 앤틸리스 제도를 둘러싸고 전쟁을 벌였습니다. 상대 상선을 나포拿捕하거나 상대 항구를 봉쇄하는 등 해상에서 서로 충돌하는 것은 물론, 상대국의 섬으로 상륙하려고까지 했습니다. 두 나라에 설탕이 얼마나 중요했는지를 짐작할 수 있겠지요. 실로 '설탕 전쟁'이라 할 것입니다. 나폴레옹 시대의 유럽 전쟁 때에도 설탕을 둘러싸고 대서양 바다 위에서 해전을 벌였습니다. 프랑스 혁명을 사이에 두고 1688년(팔츠 전쟁 혹은 아우크스부르크 동맹 전쟁)부터 1815년(나폴레옹의 패배)까지 지속된 영국과 프랑스의 대립을 가리켜 '제2의 백년전쟁'이라고도 부릅니다. 이러한 양국의 대립은 대부분 설탕 산업의 지배권을 놓고 다툰 것이었습니다.

7년 전쟁과 동시에 치렀던 대서양 해전에서 1763년 프랑스 해군이 영국에 패배하자, 프랑스는 선택을 강요받는 고배를 마셔야 했습니다. 당시 외무 장관이자 해군과 육군의 지휘를 맡았던 슈아죌 Étienne François de Choiseul은 캐나다를 포기하고 귀중한 설탕이 나는 섬들을 선택했습니다. 이 선택에 대해 철학자 볼테르Voltaire(148쪽)는 "비싼 유지비와 방위비를 들이면서 얼마 안 되는 눈 쌓인 땅을 지키기보다는 작아도 풍요로운 군도를 확보하는 편이 훨씬 낫다"며 열렬히 박수를 쳤다고 합니다.

18세기 유럽은 실로 설탕의 발밑에 고개를 조아렸다고 할 정도입니다. 혁명이 일어난 1789년에 프랑스의 국제 수지가 흑자였던 이유는 오로지 식민지, 즉 설탕의 섬 덕분입니다. 프랑스 해군이 전쟁에서 주요 목표로 삼은 것은 귀중한 식민지를 어떻게든 확보하는 것이었고, 그러기 위해 베르사유 궁전의 지시를 받아 대서양에서 임무를 수행했습니다. 대서양의 항구 보르도, 낭트, 르아브르에서 출범하는 대형 상선은 오로지 설탕을 위해 활동했습니다.

커피와 설탕의 만남

이리하여 프랑스에서는 18~19세기에 줄곧 설탕 소비량이 늘었는데, 이는 커피를 마시는 습관이 널리 퍼진 것과도 관계가 깊습니다. 아프리카가 원산지인 커피는 아라비아 반도 남부에서 점차 퍼지기 시작해, 1554년에 알렉산드리아와 이스탄불에 전해졌습니다. 그리고 1640년에는 이탈리아, 1652년에는 영국, 1660년에는 프랑스 마르세유에 상륙했습니다.

커피가 파리에 처음 등장한 것은 1686년, 프란체스코 프로코피오 데이 콜텔리Francesco Procopio dei Coltelli라는 시칠리아 사람이 포세 생제르맹 거리(지금의 랑시엔 코메디 거리) 13번지에 위치한 국립극장 코메디 프랑세즈 맞은편에 카페 '르 프로코프'Le Procope를 열면서부터였던 듯합니다. 그곳은 파리 지식층이 모이는 장소가 되었는데, 초기에는 아직 커피에 설탕이나 우유를 일체 넣지 않고 마치 약처럼 마셨습니다.

커피에 우유를 넣어 마시는 방법을 유럽에 전해 준 것은 폴란드인 게오르그 콜시츠키Georg Kolschitsky라는 인물이었습니다.* 그는 원래 터키 이스탄불에서 통역관으로 일했는데, 1683년 오스만군의 제2차 빈 포위 때 오스트리아 빈에 있었습니다. 그는 오스만 제국의 진영을 뚫고 지원군을 요청하는 중요한 전갈을 폴란드 왕국에 전합니다. 그리하여 빈 시내의 수비대는 신성로마 황제의 군대 및 부랴부랴 달려온 폴란드 군대와 힘을 합쳐 오스만 제국의 군대를 물리쳤습니다. 빈 시는 콜시츠키에게 답례품으로 오스만 군영에서 몰수한 커피 500자루를 주었다고 합니다.

그는 이듬해 그 커피를 가지고 슈테판 대성당 옆에 빈 최초의 카페를 열었습니다. 커피 가루를 거르고 우유를 넣은 카페오레café au lait를 초승달 모양 브리오슈인 크루아상croissant과 함께 먹는 방식을 고안해 냈습니다. 이 방식은 런던과 파리에도 전해졌고, 이윽고 우유뿐 아니라 설탕을 넣은 단맛 나는 커피도 널리 퍼졌습니다. 덧붙이자면, 브리오슈란 설탕, 버터, 달걀, 그리고 물이나 우유를 섞어 발효한 밀가루 반죽을 가볍게 부풀려서 여러 가지 모양으로 만든 빵의 총칭입니다.

파리에는 카페가 점점 늘어났습니다. 1716년에 300채, 1788년

◆　커피에 우유를 넣어 마시는 '카페오레'는 1685년 프랑스 의사 시외르 모닌(Sieur Monin)이 환자의 속쓰림을 예방하기 위해 처방한 데서 유래했다고도 한다.

128

에 1,800채에 이르렀지요. 혁명도 나폴레옹과 그의 제국도 카페의 증가를 멈추지 못했습니다. 혁명 전야에 파리 시민이 대략 65만 명이었으니 약 360명당 카페 한 채 꼴인 셈입니다. 그리고 1807년에는 4,000채에 달했는데, 서민적인 가게도 있고 호사스러운 가게도 있었습니다. 계산대 위에 거대한 피라미드 모양으로 설탕 산을 쌓아 올린 가게를 쉽게 찾아볼 수 있었습니다. 커피 한 잔을 시키면 접시에 담긴 각설탕과 가늘고 긴 빵이 따라 나왔던 것 같습니다.

설탕 소비의 증대

와인 전문점에서도 설탕을 넣은 와인을 내놓았고, 소다수 가게에서는 아이스크림, 셔벗, 나아가 시럽, 로졸리오rosolio(장미, 오렌지 등의 꽃잎을 술에 담가 만든 리큐어), 아니제트anisette(아니스를 향료로 쓴 리큐어), 레모네이드를 제공했습니다. 이렇게 음료에 넣으면서 설탕 소비가 급증했습니다. 또한 셔벗이나 아이스크림의 보급도 설탕 소비량을 증가시킨 요인이었습니다. 이들은 카페의 메뉴였을 뿐 아니라, 코스 요리 가운데 고기 요리 앞에 나오는 음식이었던 듯합니다. 다양한 빙과도 있었습니다.

과자에 넣는 설탕도 물론 중요했습니다. 18세기에는 잼, 마멀레이드, 단맛 케이크 등이 등장해 널리 퍼졌습니다. 또한 예로부터 가난한

프랑수아 피에르 드 라 바렌이 쓴
『프랑스의 파티시에』의 머릿그림

사람들은 주로 귀리죽(포리지porridge 또는 부이bouillie)을 먹었는데, 거기에 단맛을 더해 먹는 습관이 퍼졌습니다. 타르트나 푸딩을 달콤하게 만들어 먹는 것도 유행하기 시작했지요. 달콤한 과자 빵이 등장한 것도 이 무렵이라고 합니다.

이렇듯 그전까지 사치품이었던 설탕은 이 시대에 들어와 바야흐로 서민의 식탁에서 사랑받아 마땅한 필수품이 되었습니다. 그리고 이제는 한 줌밖에 안 되는 사람들의 권력이나 특권을 나타내는 상징성이 아니라 설탕이 가진 경제적 가치와 의의가 중요해졌습니다. 이렇게 누구나 할 것 없이 희구하는 대상이 되면서, 설탕은 세계 제패를 둘러싼 전략을 좌우하는 상품이 되었습니다.

당연한 일이지만, 설탕을 사용한 과자 조리법이 다양해진 것도 바로 17세기 중반입니다. 프랑수아 피에르 드 라 바렌François Pierre de la Varenne은 샬롱쉬르손을 다스렸던 워셀 후작Marquis d'Uxelles을 섬기던 요리사로 루이 14세의 궁정 요리사 중 한 명인데, 『프랑스의 요리사』Le cuisinier françois(1651)라는 저서로 유명합니다. 이 책은 고딕풍 향신료 사용법, 즉 중세 이래 향신료를 많이 사용해 맛이 복잡하고 진한 양념으로부터 프랑스 요리를 해방시켰다는 공적을 세웠습니다. 그 밖에도 그는 과자를 특화한 『프랑스의 파티시에』Le pâtissier françois(1653)라는 책도 저술했는데, 거기에는 다양한 과자 만드는 방법을 순서와 온도까지 자세하게 기술해 놓았습니다. 그가 고안한 과자 가운데 '훌륭한 파이'라고 불리던 것이 가장 잘 알려져 있습니다. 마지팬marzipan(아몬드 가루, 설탕, 달걀흰자로 만든 반죽—옮긴이) 바탕에 그린 레몬 크림과 설탕에 절인 체리를 곁들이고 머랭meringue(달걀흰자에 설탕과 향료를 넣어 거품을 낸 것—옮긴이)을 뿌린 과자랍니다.

1692년에는 프랑수아 마시알로*가 『콩피튀르, 리큐어, 과일에 관한 새 교본』Nouvelle instruction pour les confitures, les liqueurs et les fruits을 출간했습니다. 거기에서 소개한 조리법을 보면 오늘날과 마찬가지로 설탕을 듬뿍 사용하고 있습니다. 이 책은 프랑스어로 출판한 최초의 일러스트 과자 책이기도 한 것 같습니다. 그로부터 1세기 동안 설탕 과자나 빙과 등 단 과자를 다룬 요리책이 세상에 많이 나왔는데, 그만큼 설탕이 프랑스에 대량으로 들어왔다는 증거겠지요.

◆　François Massialot, 1660~1733. 오를레앙 공작 필리프 1세와 그의 아들, 르 텔리에 등 다양한 명사들을 위해 요리했다. 대표 저서인 『왕실과 부르주아 가정의 요리사』는 최초로 부르주아 계급을 대상으로 한 요리책인데, 알파벳순으로 정리되어 있는 요리 사전의 초기 형태로 마리네이드를 처음으로 소개한 책이기도 하다.

설탕 그 후

지금 17~18세기에 관해 이야기하고 있는데, 설탕에 대해서는 19세기까지 내려가 살펴볼까 합니다. 이미 16세기에 사탕수수뿐만 아니라 한랭지에서도 재배할 수 있는 사탕무에서도 설탕을 채취했다는 사실이 알려져 있지만, 그다지 일반적이지는 않았습니다. 그런데 1806년 나폴레옹은 경제적인 지배력을 확보하기 위해 영국을 봉쇄하고자 했습니다. 그는 당시 프랑스가 지배하던 유럽 대륙의 나라들과 영국(과 그 식민지)의 무역을 금지하는 대륙 봉쇄령을 공표하지요. 이로써 대서양의 사탕수수를 입수할 길이 막혀 버리자, 프랑스에서는 사탕무를 재배해 설탕을 생산하는 일이 활발해졌습니다. 19세기 후반에는 설탕 산업이 공업화되면서 본격적으로 설탕 생산이 궤도에 올랐고, 사탕무는 사탕수수와 어깨를 나란히 할 정도로 설탕의 주요한 원료가 되었습니다.

19세기에는 설탕을 더욱 널리 사용했습니다. 어린이와 여성을 위한 시럽 종류가 늘어났고, 다양한 향신료를 섞은 세련된 설탕, 진귀한 과일을 이용한 설탕 등도 등장했습니다. 1845년에는 프랑스인 한 사람 당 연간 3.6킬로그램이었던 설탕 소비량이 1858년에는 4.3킬로그램, 1861년에는 6.4킬로그램, 1866년에는 7.1킬로그램, 1871년에는 7.8킬로그램, 더욱이 파리 거주자의 경우에는 1870년에 무려 10킬로그램 이상이 되었습니다.

마지막으로 미식 평론가인 브리야사바랭의 견해를 인용해 보지요. 그는 『미각의 생리학』에서 설탕에 세 가지 용도가 있다고 말합니다. 첫째는 카페오레 단맛을 내는 용도, 둘째는 비스킷, 마카롱, 크로키뇰croquignole(밀가루, 달걀흰자, 설탕으로 만드는 쿠키), 바바baba(145쪽) 등 과자를 만드는 용도, 셋째는 과일 잼을 만드는 용도입니다. 이렇게해서 여염집 가정의 주부는 매일 빵을 사는 것 이상으로 설탕을 사는데 많은 돈을 지출했습니다.

크림 이야기

다음으로 크림의 역사도 살펴봅시다. 오랫동안 크림은 버터를 만드는 용도로만 사용했는데, 엄청나게 귀하고 비쌀 뿐 아니라 보존이 어려웠습니다. 17세기에 이르러 중세에 인기 있던 신맛 소스 대신 기름진 소스가 인기를 얻었습니다. 그래서 주방장들은 왕이나 귀족의 식탁에 크림을 사용하기 시작했고, 밀가루와 마찬가지로 재료에 끈기를 더하는 용도로 사용했습니다.

프랑수아 피에르 드 라 바렌의 책 『프랑스의 요리사』에서도 거품을 낸 크림에 대해 기술한 부분이 있고, 루이 14세가 거품 낸 크림을 아주 좋아했다는 이야기도 나옵니다. 나중에 크렘 샹티이crème chantilly라고 불리는 휘핑크림은 콩데 공*의 샹티이 성에서 일하던 요리사 프랑수아 바텔François Vatel에 의해 혁신을 이루었다고 합니다. 또한 17세기부터 과자 반죽에도 생크림을 넣기 시작했습니다. 한편 프랑수아 바텔은 칼로 자살한 것으로도 알려져 있습니다. 세비네 후작 부인**의 편지글에 따르면, 1671년에 콩데 공이 주최한 대연회의 책임자였던 바텔은 당일 요리에 필요한 어패류가 도착하지 않자 축하연이 실패할 것을 예감하고 심하게 자책한 나머지 자기 몸에 칼을 세 번이나 찔렀습니다. 그러나 바텔의 염려와 달리 어패류는 그가 목숨을 끊은 뒤에 잘 도착했다고 합니다.

달걀노른자와 설탕으로 만드는 커스터드 크림인 크렘 파티시에르 crème pâtissière는 프랑수아 마시알로의 『왕실과 부르주아 가정의 요리사』Le cuisinier roïal et bourgeois(1691)에서 처음 나온다고 합니다. 그러나 웬일인지 그가 소개한 요리법에 설탕이 등장하지 않는 것을 보면, 아마도 처음에는 과자가 아니라 요리에 썼을지도 모릅니다.

18세기에는 아이스크림이 널리 유행합니다. 카페 르 프로코프는 '샹티이 아이스크림'으로 유명했지요. 또 므농은 『부르주아 가정의 여자 요리사』에서 '딸기 크림' '프랑부아즈(나무딸기) 크림' '휘핑크림' '포르투갈풍 크림' '딸기와 프랑부아즈를 넣은 휘핑크림' '여왕님의 크림'

◆　　Louis II de Bourbon-Condé, 1621~1686. 프랑스 장군으로 19세에 30년 전쟁에 참가해 수많은 공훈을 세워 대大콩데(Le Grand Condé)라고 불렸다. 프롱드의 난 당시 반란군에 가담해 마자랭에 맞서 싸웠고, 만년에는 샹티이 성에 머물며 몰리에르, 라신, 부알로 같은 문인들과 사귀었다.
◆◆　　Madame de Sévigné, 1626~1696. 서한 문학가로, 18세에 세비네 후작과 결혼해 25세에 남편을 잃고 두 자녀의 교육과 문학에 전념했다. 루이 14세 당시 프랑스를 생생하게 묘사한 편지를 가족과 친구들에게 보냈다. 특히 출가한 외딸 그리냥에게 보낸 편지가 프랑스 문학의 고전으로 남았다.

등 다양한 디저트용 크림을 언급하고 있습니다.

크림이 크게 인기를 얻은 것은 19세기입니다. 크림은 우유에서 유지방을 분리해 만드는데, 1879년에 크림 분리기를 발명하면서 더욱 빠르고 확실하게 크림을 얻을 수 있게 되었습니다. 그전까지는 우유를 서늘한 곳에 24시간 묵혀 두었다가 표층에서 지방분을 국자로 떠내는 식으로 크림을 얻었거든요.

여성과 과자

옛날부터 여러 사회에는 단것을 여성에게 선물하는 풍습이 있어서 단것이나 설탕은 여성의 세계에 속한다고 전해져 왔지요. 예를 들어 1568년에 메스 시에서 젊은 샤를 9세와 그의 어머니 카트린 드 메디시스에게 미라벨(로렌 지방 특산품인 작고 노란 자두―옮긴이) 설탕 절임을 선물했고, 1세기가 지난 1678년에는 루이 14세의 왕비 마리 테레즈에게 건조 과일 잼 100상자와 껍질을 벗긴 미라벨 70상자, 흰 프랑부아즈 30상자를 보냈습니다.

19세기 초에 나온 『미식가 연감』에서는 미식가 그리모가 파리에 있는 설탕 과자 가게들의 창조성을 높이 평가하면서, 새해에 멋을 아는 남자가 여성에게 선물하는 새로운 봉봉을 칭찬하고 있습니다. 여기에는 '그대 매력의 봉봉' '성실한 봉봉' '뮤즈의 봉봉' '사랑의 졸음'

등 의미심장한 이름을 붙였습니다. 이런 선물이 오늘날 영국과 미국에서 기념하는 밸런타인데이에 여자 친구에게 주는 선물로 이어지고 있다는 것은 말할 나위도 없습니다. 어찌된 영문인지 일본에서는 여성이 남성에게 선물하는 풍습으로 바뀌었습니다만. 달콤한 음식은 원래 여자 하인이나 요리사에게 맡기지 않고 안주인이 직접 손으로 만들어야 한다고 여겨졌습니다. 17~18세기에는 갑자기 친척이나 친구 등 손님이 왔을 때 손맛을 한껏 살려 만든 질 좋은 잼을 식탁 위에 다양하게 늘어놓는 것이 주부의 자랑이었습니다.

이렇게 프랑스에서는 단것이나 디저트를 여성과 연관 짓는 경향이 있는 한편, 여성에게는 진정한 미식 능력이 없으며 미식가나 와인 전문가가 될 수 없다고 여기기도 했습니다. 그리모나 브리야사바랭도 수준 높은 미식 영역에서는 여성의 능력을 철저하게 부정했습니다. 그 대신 여성은 단것이라면 사족을 못 쓰는 특성을 아이들과 공유한다고 했습니다. 그들은 디저트를 솜씨 좋게 연출하면 연약하고 미숙하고 불완전한 인간인 여성과 어린이를 특별히 기쁘게 해 줄 수 있다고 말했습니다.

사블레 부인

여성의 미식과 관련해서는 사블레 후작 부인*이 잘 알려져 있습니다. 사블레 후작 부인은 원래 쿠르탱보 후작Marquis de Courtenvaux의 딸로, 그녀의 아버지는 프랑스 오성 장군이자 루이 13세의 가정교사이기도 했습니다. 사블레 후작과 결혼한 뒤 남편이 1640년에 세상을 뜨자, 사블레 후작 부인은 친구인 생 모르 백작 부인Comtesse de saint Maure과 함께 파리 루아얄 광장에 살며 문학 살롱의 주인이 되었습니다. '잠언'을 많이 남긴 것으로도 유명하지요. 1655년부터 수도원 포르루아얄에서 은둔하다가 그곳에서 1678년에 숨을 거두었습니다.

사블레 부인은 프랑스에서도 가장 훌륭한 식탁을 준비하는 사람으로 이름이 높았습니다. 특히 그녀는 단것을 좋아한다고 뽐낸 것으로도 알려져 있었습니다. 포르루아얄에 들어가고 나서도 수도원 울타리 안에 별채를 짓고, 거기에 수도원장이나 후작 및 백작 부부 등 고급 귀족과 문인들을 모아 놓고 문화의 향기가 떠다니는 미식의 향연을 열었습니다. 그럴 때에는 질 좋은 콩피튀르와 찜 요리를 만들었습니다. 그녀는 끊임없이 짠맛 또는 단맛이 나는 과자를 개발하고 『프랑스의 요리사』에 나오는 조리법을 통렬하게 비판하면서 자신이야말

◆　Marquise de Sablé, 1599~1678. 젊을 때부터 랑부예 후작 부인의 살롱에서 문인으로 평판을 얻었다. 나중에 자신도 살롱을 열었는데, 이곳에서 잠언을 짓고 나누는 것이 유행했으며 사블레 부인도 『잠언집』(1678)을 냈다.

로 세계에서 누구보다 예민한 미각을 지녔다고 자부했습니다.

사블레 후작 부인은 미식가라고 젠체하는 모습 때문에 회개하는 마음이나 경건함이 없다는 의심을 사기도 했습니다. 특히 단것을 좋아한다는 이유로 성적으로 격정적인 성향마저 뒤에서 비난을 받았습니다. 단것을 편애하는 것은 연약한 성정의 특징이라고 보는 한편, 식욕이 성욕으로, 또 먹을거리에 대한 섬세한 취미가 성적인 취향과 기호로 옮아가는 것은 간단하다고 생각했기 때문입니다. '연약한 성정'을 가진 여성은 신체적으로 약할 뿐만 아니라 도덕적으로도 취약하다고 여겼는데, 이는 여성을 차별하는 시대의 특징이었습니다.

한편, 버터의 풍미를 살린 달고 진한 맛이 나는 쿠키 '사블레'의 이름이 바로 사블레 부인에게서 유래했다고 합니다. 루이 14세가 부인에게 대접한 과자가 아주 맛있었기 때문에 불현듯 과자에 부인의 이름을 붙였다고도 하고, 과자를 좋아하는 부인이 살롱 다과회를 연 일에 경의를 표해 지은 이름이라고도 합니다.

여성과 초콜릿

초콜릿 음료도 관능, 향락, 쾌락과 연관됩니다. 당시는 스페인 방식으로 카카오를 물이나 우유에 녹이고, 거기에 설탕이나 개암 가루, 아몬드 또는 바닐라, 계피, 달걀 등을 넣어 끈적끈적하게 만든 다음, 초콜

침상에서 마시는 아침
초콜릿(이탈리아 회화)

릿용 주전자인 쇼콜라티에르chocolatière에 넣고 세게 저어 거품을 내어 마셨습니다. 그런데 검은 초콜릿은 여성을 기절시킬 만큼 음탕한음료라는 이야기가 나돌았던 것으로 보아 초콜릿을 색욕과 결부시켰음을 알 수 있습니다.

실제로 17~18세기에 초콜릿은 궁정과 귀족의 살롱에서 상류층여성들 사이에 크게 유행했던 것 같습니다. 세비녜 후작 부인이 딸 그리냥 백작 부인Comtesse de Grignan에게 보낸 서간(1671년 2월 11일)을보면, "네 몸이 별로 좋지 않은 것 같은데, 잠을 잘 못 자니? 초콜릿이도움이 될 텐데. 하지만 너한테는 쇼콜라티에르가 없잖니. 천 번이나그 생각을 했단다. 어떻게 하면 좋겠니?" 하는 구절이 나옵니다. 또한10월 25일에 보낸 편지에는 "코에틀로곤 후작 부인은 작년에 임신하고서 초콜릿을 너무 많이 먹더라니, 악마처럼 새까맣고 조그만 남자애를 낳았는데 금방 죽어 버렸단다." 하고 염려하기도 합니다.

세련된 시대의 아름다운 먹을거리

17~18세기에는 지중해 세계에 속하는 이탈리아 르네상스의 식사 전통이 점차 쇠퇴하고, 북방의 나라들이 앞자리를 다투었습니다. 그 가운데 가장 개가를 올린 것이 프랑스 왕궁의 요리와 음식 문화였습니다.

프랑스인은 유럽에서 세련된 사교와 예의범절에 있어 선두를 담당하게 되고 요리사도 득의양양하게 자신의 기예를 뽐내고 상찬을 한 몸에 받게 됩니다. 식사 방식은 중세부터 르네상스에 걸쳐 어지간히 변모했지만, 한층 더 우아하고 가볍게 비약시킨 것은 그들입니다. 18세기에 들어오면 일반적으로 접시 수, 요리 가짓수가 점점 더 늘지만, 각각의 양은 적어지고 소재와 맛도 가볍고 단순해졌습니다. 그때까지 다양한 향신료를 듬뿍, 그것도 마구 섞어 사용했지요. 17~18세기에 걸쳐서는 후추, 정향, 너트메그로 거의 좁혀졌습니다. 중세에 인기몰이를 했던 카르다몸, 피팔리, 사프란, 메이스, 갈랑가 등*은 프랑스 식탁에서 사라져 갔고, 한두 가지를 효과적으로 사용하는 쪽으로 바뀌었던 것입니다.

◆　카르다몸(cardamom)은 열대 산악지대에서 자생하는 생강과의 다년생 식물 및 그 열매로, 약용이나 향료로 사용한다. 피팔리(pippali)는 산스크리트어로 딸기류 열매를 뜻하며, 오늘날 흔히 사용하는 동근 후추 대신 12~14세기에 주로 사용한 인도산 길쭉한 후추를 말한다. 사프란(saffraan)은 붓꽃과 식물로, 암술머리는 말려서 건위제, 진정제, 향료, 염료 따위로 쓴다. 남부 유럽과 소아시아가 원산지이다. 메이스(mace)는 너트메그 열매의 씨 껍질을 말린 향신료이다. 갈랑가(galanga)는 중국 남부와 동남아시아에서 주로 나는 생강 종류로, 뿌리와 같이 향신료 및 한약재 등으로 쓴다. 고량강이라고도 한다.

이렇게 변화한 새로운 요리는 색과 색이 서로 속삭이는 것처럼 시각을 통해 향기를 예감하도록 해 주었습니다. 눈이 코보다 높은 곳에 군림하여 향기보다는 아름다운 색깔이나 모양을 중요시한 것이지요. 일찍이 중세 귀족의 식탁에서는 상다리가 부러질 것처럼 접시를 마구 늘어놓는 야만스러움이 엿보였지만, 이제 그런 경향은 자취를 감추고 섬세한 여성성이 전면에 나옵니다.

18세기에는 섬세하고 여성적인 은은한 향기, 달콤한 공기 같은 식물성 향기를 선호하게 됩니다. 찌르는 듯한 냄새, 동물적인 냄새를 멀리하고, 바로크 시대의 대기를 채웠던 사향고양이나 사향노루, 호박(보석)으로 만든 향수는 혐오스러운 '냄새 나는 것'으로 여겼습니다. 18세기는 지적이고 우아한 여성의 시대인 동시에 식물의 시대이기도 합니다. 이 세기가 과자의 일대 발전기였던 것은 우연이 아니라고 생각합니다.

달콤한 향기, 달콤한 맛, 아름다운 모양과 색깔……. 과자와 케이크야말로 이 시대에 어울리는 먹을거리겠지요. 설탕 과자, 콩피튀르, 콩포트, 캐러멜, 누가 등은 전에 없던 세련미를 선보였습니다. 중후하고 끈적끈적한 고기는 엘리트의 식탁에서 쫓겨나고 있었지요. 동시에 강렬한 냄새를 풍기는 치즈, 마늘, 양배추, 양파는 구토를 유발한다며 배척했습니다.

식후에 품위 있는 대화를 이끌어 내는 것, 색깔이 뚜렷한 살롱이나 귀족의 스노비즘(신사 취향, 속물근성)에 어울리는 것, 이는 무엇보다 과자일 것입니다. 과자의 세련미는 귀족이 비속한 평민과 다르다는 사실을 보여 주는 것이었지요. 고귀한 여성은 관능적이고 세련된 식기도 구비하고자 했습니다. 유리(크리스털 글라스), 도자기, 은, 에나멜 같은 식기에 각종 케이크, 쿠키, 아이스크림, 콩포트, 머랭, 젤리, 봉봉, 무스mousse 등을 담았고, 과자의 발달과 더불어 식탁 예술도 융성해졌습니다.

17세기 후반 이후부터 18세기에 걸친 시대는 이른바 여성의 시대라고 일컬어질 정도로, 궁정을 좌지우지한 사람은 왕이 아니라 총희였습니다. 아무리 여성이 '단것을 좋아하는 사람'이라며 비난과 경멸의 눈초리를 받아도 여성의 권위에 기꺼이 복종하는 남성도 꽤 많았습니다. 이윽고 과자를 식탁 예술의 꽃으로 만들려는 움직임이 활발해지면서 경멸의 대상이었던 여성이 식탁의 여왕으로 등극했습니다.

총희 몽테스팡 부인

그러면 베르사유를 화려하게 수놓은 아름다운 왕비와 총희 중에서도 특별히 유명한 세 사람을 과자에 관한 일화와 곁들여 소개해 봅시다.

첫 번째는 루이 14세의 총희 몽테스팡 부인*입니다. 그녀는 왕비

◆   Madame de Montespan, 1641~1707. 약 12년간 궁정 사교계를 주도했으며, 루이 14세와의 사이에 자녀 여섯을 낳았다. 알몸으로 미숙아의 피를 받는 이른바 '검은 미사'에 참석했다가 왕의 총애를 잃게 된다.

마리 테레즈의 시녀 신분으로 궁정에 들어왔지만, 선배 총희인 루이즈 드 라 발리에르*의 후임자가 되려고 온갖 노력을 기울였습니다. 당시 궁정에서는 마른 여성은 궁상맞고 빈약해 보인다는 이유로 인기가 없었고, 오히려 통통하고 동글동글한 몸매가 건강의 증표였습니다. 몸이 마른 루이즈가 왕의 침실에서 사라지는 것은 시간문제라며 다들 기대가 높았지요. 실제로 몽테스팡 부인은 포동포동 살진 몸매였습니다. 무엇보다 먹는 것을 아주 좋아했지요. 그녀가 찾아낸 방법이 당시 유행하기 시작한 맛있는 과자를 먹고 살을 찌우는 것이었습니다. 드라제, 설탕 과자, 사탕같이 단것을 즐겨 먹는 것은 왕의 곁을 차지하려는 작전이었습니다.

작전에 성공한 그녀는 왕의 총애를 얻어 자식을 일곱이나 낳았지만, 그 뒤에도 계속 살이 쪄서 돼지나 고래 같은 몸매가 되어 버렸다고 합니다. 그래서인지 왕의 총애는 맹트농 부인**으로 옮아갔고, 몽테스팡 부인은 궁정을 떠나 수도원으로 들어갔습니다.

◆　　Louise de La Vallière, 1644~1710. 17세에 루이 14세의 제수 앙리에트 안의 시녀로 궁에 들어가 국왕과 제수 사이 추문의 방패막이를 하다가 총희가 된 것으로 유명하다. 루이 14세의 애정이 몽테스팡 부인에게 옮아가자, 궁을 떠나 수도원에서 일생을 마쳤다.
◆◆　　Marquise de Maintenon, 1635~1719. 본명은 프랑수아즈 도비녜(Françoise d'Aubigné)로 왕자의 양육을 맡으면서 왕의 총애를 얻었고, 1683년 왕비 마리 테레즈가 죽자 왕과 비밀 결혼식을 올렸다. 생시르 학원을 창설해 가난한 귀족 지녀들을 기숙생으로 들이고 스스로 경영과 교육을 맡았다. 이때의 교육 방침과 경험을 담은 『서간집』(1752~1756)은 명문 고전으로 남아 있다.

퐁파두르 부인과 왕비 마리의 경쟁

다음은 루이 15세의 총희인 퐁파두르 부인[***]과 왕비인 마리 레슈친스카[****]의 이야기입니다. 우선 왕비 마리의 부친 스타니슬라스 레친스키부터 소개하죠.

스타니슬라스 레친스키는 원래 폴란드의 국왕이었습니다. 폴란드는 18세기에 왕위 계승 전쟁이 일어나 열강의 간섭을 받았는데, 이때 몸을 피한 레친스키는 프랑스 낭시로 이주해 로렌의 영주가 되었습니다. 그는 아름다운 건축, 금속공예, 자기, 그리고 정원에 대단한 취미를 갖고 있었을 뿐 아니라, 과자의 역사에서도 빠질 수 없는 유명한 미식가였습니다.

레친스키(또는 그의 요리사)는 쿠글로프kouglof[*****]를 개량해 바바라는 과자를 만든 것으로도 알려져 있습니다. 먹기 쉽게 만들기 위해 중앙에 건포도를 넣고 단맛 나는 와인을 뿌려 부드럽고 촉촉하게 만들었습니다. 그리고 쿠글로프와 쉽게 구별되도록 깔쭉깔쭉한 모양이 아니라 표면이 야들한

◆◆◆　　Madame de Pompadour, 1721~1764. 미모와 재능을 겸비해 국왕의 사랑을 받았지만, 방대한 국비를 탕진해 후일 프랑스 혁명을 유발하는 원인을 제공하기도 했다. 디드로와 달랑베르의 『백과전서』 편찬 사업을 지원하는 등 학술과 예술을 보호하기 위해 노력했다.

◆◆◆◆　　Marie Leszczyńska, 1703~1768. 폴란드 왕녀로 당시 루이 15세의 섭정이었던 필리프 도를레앙에 의해 왕비가 되었다. 가난한 처지로 인해 왕에게 순응할 것이라는 기대 때문이었다. 실제로 상냥하고 헌신적이었으며 조용히 생을 마감했다.

◆◆◆◆◆　　프랑스 알자스 지방의 명과로, 건포도를 넣은 브리오슈 반죽을 왕관처럼 생긴 쿠글로프라는 틀에 넣어 구운 발효 과자. 독일과 오스트리아에서는 구겔호프(Gugelhopf)라고도 한다.

스타니슬라스 레친스키

원통형으로 구웠습니다. 그리고 틀을 벗겨 내고 럼주(달콤한 말라카 술)를 뿌려 플랑베flamber(도수가 높은 술로 불을 붙여 풍미를 내는 요리법—옮긴이)를 하거나 럼주를 넣은 시럽에 담가 먹었습니다. 『천일야화』를 즐겨 읽던 레친스키는 등장인물 가운데 '알리바바'를 좋아해서 '바바'라는 이름을 붙였다고 합니다. 이후 스타니슬라스 레친스키 왕의 궁정 요리사 니콜라 스토레Nicolas Stohrer가 만드는 방법을 외웠다가 파리 몽토르괴이 거리 51번지에 가게를 열어 팔면서 바바는 명물이 되었습니다. 그 가게는 지금도 파리에서 가장 유서 깊은 과자점으로 남아 있습니다. 레친스키가 마들렌madeleine(비스킷 반죽을 조개 모양으로 구운 작은 과자—옮긴이)의 탄생과도 관계가 있다는 이야기는 5장에서 소개하지요.

레친스키의 딸 마리는 루이 15세와 결혼했습니다. 그러나 루이 15세의 곁을 지키는 총희 퐁파두르 부인 때문에 아무리 해도 왕의 관심을 살 수 없었습니다. 이에 아버지 스타니슬라스 레친스키는 요리사에게 훌륭한 요리를 개발하라고 명합니다. 이렇게 하여 볼로방volau-vent(크림소스에 고기나 생선 등을 넣어 조그맣게 만든 파이-옮긴이)이라는 파이 만두가 탄생했고, 그 요리법을 전수받은 딸 마리가 요리의 힘으로 루이 15세의 마음을 돌리지 않을까 기대했습니다. 그러나 결과는 실패였습니다. 퐁파두르 부인의 매력과 농간에는 당해 낼 수 없었지요. 마리는 그 요리사에게 파이 만두를 '좀 더 작게 만들라'며 혼자서 먹을 수 있는 부셰 아 라 렌bouchée à la reine('왕비님의 한 입 요리'라는 뜻)을 주문했습니다.

레친스키는 커다란 과자를 좋아해 바바 외에도 여러 가지 과자를 고안했고, 마리를 통해 베르사유 궁전과 파리에 퍼뜨렸다는 설도 있습니다.

퐁파두르 부인의 매력

퐁파두르 부인은 절세미인으로 알려졌을 뿐 아니라, 지성을 겸비했고 감각도 뛰어난 여성이었습니다. 또한 탁월한 음악가이기도 해서 쳄발로를 연주하며 오페라 아리아와 당시 유행가 등을 불렀습니다. 왕비 마리는 그녀를 질투했지만 퐁파두르 부인은 왕비에게 잊지 않고 깍듯하게 경의를 표했고, 때로는 얌전하고 아름다운 꽃다발을 보내기도 해서 결국 왕비도 체념했던 듯합니다. 나중에 퐁파두르 부인은 왕과 금슬이 좋은 것을 내세워 정치에도 개입했습니다. 하지만 외교나 전

퐁파두르 부인

쟁 같은 사안에 지시를 내리기에 이르자, 어느 정도는 이로 인해 왕과 사이가 멀어지게 되었습니다.

퐁파두르 부인은 제공받은 성관에서 종종 연회를 열었고 몸소 무대에 올라 노래를 불렀습니다. 예술가, 문사들도 그녀의 비호 아래 몰려들었지요. 주목해야 할 것은 그녀가 필로조프philosophe(18세기에 교회의 권위에서 벗어나 합리주의적 입장에서 종교 문제를 생각한 계몽 사상가—옮긴이)들과도 친교를 맺고 있었다는 점입니다. 개중에서도 볼테르와 친교를 맺은 일은 잘 알려져 있습니다.

개명한 철학자 볼테르는 모든 광신적인 행위를 반대하고 이성과 비판 정신을 열렬히 옹호했지요. 계몽주의를 추진했을 뿐 아니라 혁명도 준비한 것으로 알려진 사상계의 총아입니다. 덧붙여 위장이 약한 볼테르는 머리를 맑게 하려고 초콜릿을 넣은 커피를 하루에 몇 잔이나 마셨고, 갖가지 과일, 특히 이국적인 과일로 달콤한 먹을거리를 만들어 먹는 걸 아주 좋아했다고 합니다.

퐁파두르 부인은 루이 15세가 "검둥오리처럼 차갑다"고 할 정도로

냉병이 심했습니다. 또한 용모는 아름다웠지만 불감증이어서 성적 행위에 조금도 기쁨을 느끼지 못했습니다. 불안했던 그녀는 자신의 지위를 잃지 않기 위해 불감증을 고치려고 눈물겨운 노력을 기울였습니다. 시녀였던 오세 부인의 회고록을 보면 왕비는 아침 식사 때 바닐라나 용연향(향유고래 창자에서 채취하는 고급 향료—옮긴이)을 보통의 세 배나 넣은 초콜릿 음료를 주문했다고 합니다. 일종의 식이요법인 듯한데, 방탕하고 남보다 정력이 왕성한 왕을 만족시키는 것은 틀림없이 어려운 일이었겠지요.

마리 앙투아네트가 사랑한 과자

일본에서도 인기가 높은 마리 앙투아네트˚ 차례입니다. 오스트리아 여제인 마리아 테레지아의 딸로, 14세에 프랑스 왕 루이 16세에게 시집와서 남편과 함께 단두대의 이슬로 사라진 비운의 왕비입니다.

　빈에서 태어난 이 프랑스 왕비는 온갖 종류의 과자를 좋아했습니다. 그래서 그녀의 결혼을 계기로 오스트리아에서 프랑스로 많은 과자류가 흘러들어 왔고, 빈의 제과와 장식 기술도 전해졌습니다. 향수

◆　　Marie Antoinette, 1755~1793. 베르사유 궁전의 프티 트리아농에서 살았으며 아름다운 외모로 작은 요정이라 불렸다. 프랑스 혁명이 시작되자 파리 왕궁으로 연행되어 시민의 감시 아래 생활하다가 국고를 낭비하고 반혁명을 시도했다는 죄명으로 처형당했다.

병에 걸린 그녀는 차와 함께 고향의 과자를 먹으며 마
음을 달랬다고 합니다. 그중에서도 쿠글로프(구겔호
프)를 가장 좋아했습니다. 쿠글로프는 원뿔을 조금
뒤튼 것 같이 생긴 케이크인데, 가운데에 구멍이 뚫려 있습니다. 레
친스키가 이것을 참고해 '바바'를 만들었다는 얘기는 앞에서 했지요.
오스트리아와 폴란드에서 옛날부터 만들어 먹던 이 과자는 마리 앙
투아네트를 통해 프랑스로 전해져 18세기 후반에 대대적으로 유행했
습니다. 마리 앙투아네트는 그 밖에도 프랑스 크루아상의 원형이라
고 일컬어지는 킵펠Kipferl(오스트리아, 독일 등지에서 만들어 먹는 초승달 모
양의 롤빵―옮긴이)이라는 빵이나 브리오슈를 즐겨 먹었다고 합니다.

빛의 시대

18세기는 계몽기라고 하는데 프랑스어로는 시에클 데 뤼미에르siècle
des Lumières, 즉 '빛의 세기'입니다. 지식과 교양이 밝게 빛나는 시대
라는 말입니다. 실제로 기계문명이 발달하기 시작했고 가스등 개발
로 도시의 밤이 밝아지기도 했습니다. 밝은 빛은 사람들의 감성에 커
다란 영향을 미쳤지요. 18세기는 여성의 시대인 동시에 빛의 시대이
기도 했던 것입니다.

　이러한 변화는 상차림에서 시각을 중시하고 과자의 아름다움이

꽃을 피운 시대라는 점과 무관하지 않습니다. 작고 예쁜 보석 같은 드라제는 큰 인기를 얻었습니다. 루이 15세와 궁정은 드라제를 대량으로 소비했기 때문에 납품업자였던 페케Pecquet는 일대 재산을 모았다고 합니다.*

18세기 파리에는 설탕 과자 가게가 숱하게 늘어섰고, 식탁을 달콤한 보석으로 꾸미고 싶은 귀족이나 부르주아들이 그 앞에 줄을 섰습니다. 특히 프랑스 설탕 과자 제조의 텃밭이라 할 만한 롱바르 거리에는 커다란 설탕 과자 가게가 몇 개나 생겼다고 합니다.

◆　　오늘날처럼 설탕을 매끈하게 입힌 드라제는 18세기 중반에 페케가 처음으로 만들었다. 페케는 궁정 공식 납품업자가 되어 한 해에만 2만 리브르(옛 프랑스 금화)를 벌었다. 그러나 드라제를 대량 생산하는 공장이 들어서면서 그가 누리던 영광도 끝이 났다.

4장

혁명이 낳은 과자 장인

왕권의 그늘

프랑스 과자는 절대왕권과 궁정을 우아하게 수놓은 여성들을 중심으로 세계를 제패하기 위해 움직이기 시작했습니다. 그러나 프랑스 과자가 참으로 프랑스를 대표하려면 특권 계급이 아니라 시민의 소유물이 되어야 했습니다. 그렇지요, 프랑스는 프랑스 혁명이라는 커다란 격동기를 겪어야만 했습니다.

태양왕 루이 14세에 이어 증손자 루이 15세의 시대(1715~1774)에도 아직 프랑스 문화는 빛나고 있었습니다. 1723년에 섭정이 죽자 루이 15세는 친정에 나서는데, 1743년까지는 신뢰가 두터운 플뢰리 André-Hercule de Fleury 재상의 보좌 아래 정치를 폈습니다. 루이 15세 때 프랑스는 국토를 확장했고, 장인인 폴란드 왕 스타니슬라스 레친스키로부터 로렌 지방을 얻습니다. 1766년에 스타니슬라스가 세상을 떠나자, 로렌 지방은 왕령에 속하게 되었지요. 나아가 1768년에는 제노바로부터 코르시카 섬을 건네받았습니다.

반면 잃어버린 영토도 있습니다. 7년 전쟁에서 영국에 패배한 프랑스는 해외에서 힘을 잃었습니다. 특히 북미 대륙에서는 캐나다를 손에서 놓아야 했지요. 인도에서도 영국에 많은 영토를 건네주었습니다. 스페인 계승 전쟁 때에 조짐을 보였던 영국이 해외 진출에서 확고하게 우위를 차지했습니다.

나아가 베르사유의 사치스러운 궁정 생활과 방만한 재정 탓인지 만성적인 재정난이 국가의 최대 문제가 되었습니다. 그 때문에 왕은 금융 자본가와 재계의 말을 고분고분 들어야 했었습니다. 통치 기구가 마비되고 고등법원도 왕권과 대립했습니다. 왕국을 개혁하려는 시도는 제대로 이루어지지 못한 채, 다음 왕인 루이 16세 때 절대왕권에 위기가 찾아옵니다.

중앙집권 체제는 특히 경제적 측면에서 아직 완성을 보지 못했기 때문에 지방마다 각각의 세관이 있었습니다. 도량형도 통일되지 않았습니다. 이것이 영국에 비해 프랑스의 산업 발전이 뒤처진 이유입니다. 왕의 대신이 관리했음에도 징세 방식도 지방마다 달랐습니다. 프랑수아 1세 이후의 노력도 결실을 보지 못하고 공통 법률조차 정비되지 않았습니다.

민중과 부르주아의 불만

음모와 파벌 싸움이 난무하는 궁정에서 생활한 루이 16세(재위 1774~1792)는 정책을 펴려는 의지가 모호했고 저자세를 취했습니다. 이 무렵에는 앙시앵레짐의 '모순'이 부풀어 올라 해결의 실마리가 보이지 않을 정도였습니다. 1787년 왕권은 재정 위기를 극복하고자 면세 특권을 누리던 제1 신분(성직자)과 제2 신분(귀족)에게도 세금을 부과해 프랑스 근대화를 이룩하는 데 필수적인 재무 개혁을 꾀했지만, 특권 계급의 반대에 부딪쳐 좀처럼 시행하지 못했습니다.

대외적으로는 영국의 압력도 더욱 강해졌습니다. 설탕 생산에 있어 프랑스가 영국을 능가했다는 설명은 이미 앞에서 했는데, 그 후 영국은 산업혁명에 성공해 공업 제품 수출로 선두를 달리기 시작했지요. 영국에 대항하기 위해 프랑스는 미국의 독립전쟁을 지원했지만, 국고만 탕진했을 뿐 결과적으로는 외교와 무역을 호전시키지 못했습니다.

재무 총감으로 발탁된 튀르고*는 프랑스의 산업이 뒤처지는 원인인 국내 관세 문제에 착수했습니다. 그는 곡물 거래에 부과한 모든 장애를 제거해 시장과 유통을 자유화했고, 나아가 길드와 도제 제도를 폐지해 영업의 자유를 보장해 주려고 했습니다. 그러나 특권 상인과 궁정 귀족 같은 기득권자들의 맹렬한 반발에 부딪쳐 튀르고는 실각하고 말았습니다.

왕권이 궁지에 몰리자 농민도 고통을 당했습니다. 부르주아에게

◆　Anne Robert Jacques Turgot, 1727~1781. 귀족 가문에서 태어나 파리 대학 신학부에서 공부하고 22세에 수도원장이 되었으나, 볼테르의 저서를 읽은 뒤 신앙생활을 접고 관료가 되었다. 중농주의 사상으로 빈곤한 지역의 개혁을 꾀했다.

유리한 개혁을 시행하면 일부 농민이나 수공업자는 활발해진 유통에 적응하지 못하고 몰락해 부랑자가 되었고, 곡물 거래를 부분적으로 자유화하면 기근이 일어날 때마다 매점매석이 기승을 부려 식량 부족을 더욱 가속화했습니다. 경작지를 목장으로 바꾸도록 허가하는 법령은 차마 견디기 힘든 것이었지요. 그래서 민중은 경의를 품고 있던 왕에게도 불만을 품기 시작했습니다. 봉건 영주에게 바치는 공납을 부당한 착취라고 생각한 민중은 영주의 권리를 포기시키려고 반란을 일으켰고, 왕이 밀고 나간 '농업 개혁'에도 이의를 제기했습니다.

한편, 부르주아 계급 사이에는 계몽 철학자나 영국 경제학자가 주장한 새로운 사고방식이 퍼져 나가기 시작했습니다. 철학자들은 부르봉 절대왕권의 신분제 질서를 호되게 비판했습니다. 앞서 말한 볼테르를 비롯해 『법의 정신』을 저술한 몽테스키외, 백과전서파로 알려진 디드로, 달랑베르가 그렇습니다. 나아가 루소는 불평등을 최대의 악이라고 말했고, 절대왕권을 지지하는 정치 이념과 사회 규율을 뿌리째 뒤엎어 버리는 사유를 제시합니다. 1751~1772년에 편찬된 『백과전서』는 모든 지식에 새로운 형태와 구조를 부여하고자 했는데, 특히 '과학과 기예의 해설 사전'이라는 측면을 갖고 있었습니다. 농업용 기계, 공작 기계, 직물 짜는 기계 등에 대해 정밀한 도판과 글로 쓴 설명을 붙였습니다. 물론 과자를 만드는 도구류의 도해도 실렸지요.

상업의 새로운 담당자로 대두한 부르주아들은 계몽주의자들의 영향을 받아 자신들의 정치적인 권리를 제한하는 것에 불만을 품었습니다. 귀족 신분의 특권에 반발하는 한편, 그것을 인정하는 왕권도 비판했지요. 그들은 자본주의가 앞으로 나아갈 수 있는 자유로운 정치 제도와 사회 체제, 즉 입헌군주제 수립과 봉건제도 폐지를 추구했습니다.

또한 제3 신분인 민중과 부르주아들은 귀족이 가진 면세 특권이나 영주 재판권 등 봉건적 특권의 폐지를 요구한다는 점에서는 일치했지만, 다른 부분의 이해관계가 반드시 일치하지는 않았습니다. 그래서 그 둘이 때로는 손을 잡고 때로는 대립하면서 이후의 혁명은 이리저리 요동쳤습니다.

앙시앵레짐의 종말

1789년 5월, 루이 16세는 이런 문제를 해결하기 위해 무려 175년 만에 전국 삼부회를 소집합니다. 그러나 여기에서 합의는 이루어지지 않았습니다. 6월 20일, 왕이 회의장을 폐쇄한 데 항의하던 제3 신분 대표들은 근처 테니스장에 집합해 헌법이 제정될 때까지 해산하지 않을 것을 맹세했습니다. 결국 그들은 일부 성직자와 귀족의 도움을 얻어 폭력 사태 없이 두 달 만에 절대왕정을 사실상 끝장냈습니다.

7월 14일, 경제 위기로 인해 빵값이 껑충 뛴 것과 파리 주위로 왕의 군대가 도착한 것에 절망한 민중은 바스티유 감옥을 습격했습니다다. 바스티유 사건은 혁명 기념일과 삼색기의 기원이 되었지요. 또한 7월 말, 귀족의 음모와 밤도둑 습격 소문이 퍼지는 바람에 '대공포'라 불리는 공황 상태에 빠진 것을 계기로, 영주의 저택에 불을 지르는 등 각지에서 봉건 왕권을 무너뜨리려는 싸움이 시작되었습니다. 8월 4일 밤, 자유주의 귀족과 협력 관계에 있던 의원들이 사태를 진정시키기 위해 투표를 통해 봉건적 특권의 폐지를 결정했습니다. 앙시앵 레짐에 종지부를 찍은 결의입니다. 나아가 8월 26일에는 인권 선언을 발표해 시민의 법적인 평등, 압정에 저항할 권리 등이 새로운 사회의 지침이 되었습니다. 그러나 실제로 시민 평등이 실현되는 것은 훨씬 나중의 일입니다.

루이 16세는 봉건제 폐지와 인권 선언을 좀처럼 비준하지 않고 시간을 질질 끌었습니다. 10월 5일에 대군중이 베르사유를 향해 행진을 벌인 결과, 왕은 법령을 승인했고 왕의 일가는 파리로 이동했습니다. 12월에는 행정 제도를 재편해 각각 따로 특권을 가졌던 종래의 주州와 지방을 폐지하고, 면적, 부, 인구 등을 기준으로 균질하고 동등하게 83개 현으로 나누었습니다. 최초의 혁명 단계에서는 자유주의 귀족과 상층 부르주아가 주도해 앙시앵레짐의 낡은 제도를 법적으로 전환하거나 폐기해 입헌군주제를 성립하고자 노력했습니다.

공화정 수립과 로베스피에르의 독재

그러나 더 이상 혁명을 바라지 않는 자유주의자 귀족 중심의 입헌군주파와 왕정을 완전히 폐지하고 공화정으로 전환하기를 바라는 부르주아 중심의 지롱드파가 대립하기에 이릅니다. 그러는 가운데 왕비 마리 앙투아네트가 친정인 오스트리아로 도망가려다 실패해(바렌 도주 사건) 국왕 일가는 국민의 신뢰를 잃습니다. 나아가 국내의 반혁명 세력이 오스트리아 등 외국을 자기편으로 끌어들여 혁명을 짓밟으려고 하자 지롱드파가 정권을 장악합니다. 지롱드파가 오스트리아에 선전포고를 하자 적군이 국내로 침입했고, 이로써 프랑스는 위기에 빠집니다. 이때 혁명을 지키기 위해 들고 일어난 것이 바로 민중입니다. 1792년 8월, 민중의 손에 왕권은 무너지고 프랑스는 적군에 승리를 거두어 첫 공화정을 수립합니다.

이때 투쟁한 민중을 상퀼로트Sans-culotte라고 부릅니다. 상퀼로트는 '퀼로트가 없다'는 뜻인데, 부유층이 입던 반바지(퀼로트)를 입지 않았다고 해서 그렇게 불렀다고 합니다. 의회에서는 부르주아 중심의 지롱드파를 대신해 급진적으로 혁명을 추진하려는 산악파가 상퀼로트의 지지를 얻어 실권을 장악합니다. 산악파를 지도한 것이 바로 로베스피에르*입니다. 산악파는 상퀼로트의 압력을 받아 1793년에 지

◆   Maximilien François Marie Isidore de Robespierre, 1758~1794. 급진적인 혁명을 추진하며 산악파의 근간을 이룬 자코뱅파의 일원으로, 루소의 영향을 강하게 받아 주권재민 사상을 현실 정치에 적용하려 했

롱드파를 의회에서 쫓아냅니다. 1793년 1월에는 루이 16세가 단두대에서 처형당하지요.

산악파는 정권 유지를 위해 파리 민중의 몇몇 요구를 들어주려고 했습니다. 다시 말해 중세 이래의 봉건적 특권, 영주제를 완전히 폐지하고 모든 성인 남자에게 선거권을 주는 헌법을 제정해(다만 실시는 연기) 국내 반대파로부터 혁명을 지키려고 했습니다. 이 무렵은 유럽 전체가 동맹해 혁명을 제압하기 위해 프랑스를 포위했으니까요. 산악파는 국경을 옥죄어 드는 반동 연합군의 위협으로부터 공화국을 구하고자 노력했습니다.

그러나 그러한 위기 상황 때문에 산악파는 독재를 펼쳤습니다. 강경하게 정책을 추진하는가 하면 반대파를 다수 처형하는 등 공포정치를 행했습니다. 그 결과, 국내외 반혁명파를 물리치고 위기가 사라지자 부르주아와 민중 양쪽에서 불만이 불거져 나왔습니다. 그리하여 산악파는 1794년 7월 27일 테르미도르 반동**으로 인해 정권을 잃었습니다.

다. 산악파가 정권을 장악하면서 독재 및 공포정치를 자행했고, 내부 대립과 보수화 등으로 반대파에 추방되어 단두대에서 처형되었다.

◆◆　테르미도르(thermidor)는 프랑스 혁명력의 11월인 열월(熱月)로, 지금의 7월 20일~8월 18일에 해당한다. 산악파 정권 내부의 반대파가 공포정치에 환멸을 느끼는 민중의 지지를 얻어 로베스피에르 일당을 처형한 사건으로, 이후 혁명은 보수화하고 부르주아와 온건파가 득세했다.

프랑스 혁명의 의의

산악파가 실각한 이후에는 부르주아가 또다시 민중에게서 등을 돌렸고, 혁명은 보수적인 방향으로 흘러가면서도 일정한 성과를 지키고자 했습니다. 1795년에 양원제 의회와 총재 다섯 명으로 이루어진 총재 정부가 수립했지만, 1799년까지 일련의 선거와 쿠데타가 이어졌습니다.

혁명으로 귀족 특권과 봉건제의 앙시앵레짐이 무너지자, 농민은 영주의 수탈로부터 해방되었고, 직인도 길드의 독점에 따른 불리한 입장에서 벗어날 수 있었습니다. 혁명은 몇 세기에 걸쳐 왕정이 수행하지 못한 참된 국민 통합을 실현해 냈고, 그 기초를 단단히 다졌습니다. 또한 혁명은 유구하게 이어져 내려온 프랑스인의 생활 방식을 완전히 바꿔 놓았습니다. 물론 그렇다고 해서 프랑스가 본격적인 자본주의로 곧장 이행한 것은 아닙니다. 어디까지나 첫 단계는 부르주아 혁명이었지요. 실업가나 기업 지도자가 부를 쌓기 시작하는 산업자본주의가 프랑스로 서서히 침투해 갔습니다. 한편, 1793년에 제정한 헌법은 결국 시행되지 않았고, 농민과 직인의 처우 개선과 권리 신장을 위해서는 또 다른 혁명(1830년 7월 혁명, 1848년 2월 혁명)을 기다려야만 했습니다.

그 후에도 끊일 줄 모르는 외국의 강한 압력이나 훼방에 대항하기 위해, 사람들은 나폴레옹의 군사 독재에 의존했습니다. 1799년 브뤼메르 18일의 쿠데타*는 1804년 제1 제정 성립으로 이어졌습니다. 그러나 이 체제는 부르주아의 지지 위에 세워졌기에, 제정도 그렇고 왕정복고도 그렇고 앙시앵레짐으로 되돌아가는 일은 두 번 다시 일어나지 않았습니다.

프랑스 혁명에 의해 지리와 국토의 의미도 변해 갔습니다. 기존 제후령 경계를 그대로 사용한 혁명 전의 구분을 대신해 1789년의 83개 현에서 96개 현으로, 거기에 해외에 있는 현 네 개를 보태어 100개 현으로 정리되었습니다. 그리고 이들 현은 각각 산과 강(알프스, 피레네 등)의 자연적이고 지리적인 특징을 보여 주는 이름을 부여받았습니다. 이리하여 기존 특권 계급의 형편에 따라 인공적으로 구분해 온 국가나 지방의 경계를 자연화하고, 각 현의 정체성이 지역에 뿌리내리도록 했던 것입니다. 이것은 19세기 역사가들이 구상한 프랑스 국토에 대한 집착이나 '프랑스의 정수'라는 생각으로 이어집니다. 각 지방에는 각각의 정수가 있고 그것이 모여서 프랑스의 정수가 된다고 생각했던 것입니다.

◆　브뤼메르(brumaire)는 프랑스 혁명력의 2월인 무월(霧月)로, 지금의 10월 22일~11월 21일에 해당한다. 1799년 11월 9일, 나폴레옹은 총재 정부를 전복하고 군사 쿠데타를 일으켜 집정 정부를 수립하고 스스로 제1 집정관이 되었다. 1794년 테르미도르 반동에 의해 이미 생명이 끝난 프랑스 혁명은 나폴레옹에 의해 완전히 숨통이 끊어졌다고 할 수 있다.

레스토랑의 발전

프랑스 혁명 후 특권 계급이던 대다수 귀족은 몰락했지만, 시민 중에는 부유층으로 진입한 사람도 있었습니다. 귀족의 저택에서 일하다가 일자리를 잃은 요리사 가운데 다시 취직할 곳(귀족의 집)을 찾지 못한 사람은 자기 손으로 마을에 가게를 냈습니다. 이를테면 부르봉가에서 갈라져 나온 샹티이 성주 콩데 공은 바스티유 습격 후에 망명했는데, 요리사까지 국외로 데려갈 수는 없었습니다. 그러자 미식으로 이름을 날린 콩데 공의 요리사들 중 중심인물인 로베르Robert가 리슐리외 거리 104번지에 본격적인 레스토랑을 열었습니다. 마찬가지로 왕의 동생 프로방스 백작(나중에 루이 18세)을 섬기던 주방장 보빌리에 Antoine Beauvilliers도 혁명 후 레스토랑을 냈습니다. 그는 나중에 미식의 중심지로 유명해진 화려한 팔레 루아얄(227쪽) 거리 한구석의 갈레리 드 발루아galeries de Valois, 즉 발루아 회랑에 가게를 냈습니다. 그곳은 호사스러운 장식으로 꾸며진 멋지고 쾌적한 최고의 레스토랑이었다고 합니다.

이 무렵 파리에는 저널리스트, 외국 스파이 및 사절, 의원 등 독신자가 많았는데, 그들에게는 외식을 할 수 있는 레스토랑이 아주 편리한 곳이었습니다. 예산과 몸 상태에 맞춰 먹고 싶은 메뉴를 고를 수 있을 뿐더러 가게가 열려 있는 동안에는 언제라도 이용할 수 있다는 점에서도 획기적인 시스템이었지요. 그때까지는 커다란 식탁 하나에

19세기 파리의 레스토랑

둘러앉아 정해진 시간에 내놓는 정해진 요리를 먹는 수밖에 없었으니까요. 떠돌이 나그네, 자택에 부엌이 없는 동네 사람, 토박이 기술자, 노동자들도 한데 어울려 여관이나 트레퇴르traiteur라고 불리는 식당에서 '정식만 나오는 식탁'인 타블 도트 table d'hote에 앉아 얌전하게 주는 대로 먹을 수밖에 없었습니다.* 매일 똑같은 메뉴가 나오고 조리가 형편 없더라도 자기가 먹고 싶은 것을 주문하거나 요구할 수 없었습니다.

파리의 레스토랑은 눈 깜짝할 사이에 수가 늘어나 브뤼메르 18일의 쿠데타 이후의 집정 정부, 제1 제정 시대, 왕정복고 시대 등을 거쳐 점점 증가했고, 1827년에는 무려 3,000곳에 달했던 듯합니다. 19세기 중반까지 프랑스에서 레스토랑이라 할 만한 것은 대개 파리에 집중되어 있었습니다. 파리는 여행자가 특히 많이 찾아오는 장소였기 때문입니다. 뿐만 아니라, 1850년대 관찰 기록에 따르면 파리에

◆　　프랑스 역사에서 트레퇴르는 오늘날 레스토랑의 시초로 볼 수 있다. 18세기 후반 이전에는 지역 길드 회원의 주방을 방문해 미리 준비된 음식을 먹는 것이 일종의 외식이었다. 길드의 일부 회원들이 매일 특정한 시간에 방문하는 단골들을 위해 음식을 제공했는데, 이렇게 음식을 제공하는 회원들도 트레퇴르라고 불렸다. 방문객들이 제공받는 타블 도트는 말 그대로 손님용 식탁으로, 정가에 식사가 제공되며 메뉴 선택 폭이 매우 좁거나 아예 선택할 수 없었다.

서는 신분을 불문하고 친구와 밖에서 식사하는 붐이 일었고, 특히 일요일이나 축제일에는 외식하는 경향이 완연히 자리 잡았습니다.

요리사들이 귀족의 저택을 떠나 마을에서 레스토랑이나 식당을 열기 시작하자, 프랑스 요리는 한층 더 세련되어지고 민주적으로 변해 갔습니다. 다음 장에서 살펴보겠지만, 비범한 학자나 예술가들이 점점 더 음식 문화에 관심을 기울이고 비평을 가하는 등 미식의 전당을 건설하기 위해 애썼기 때문입니다.

국민 요리사의 등장

이런 분위기에서 요리사 중에서도 국민적인 명성을 얻는 사람들이 등장합니다. 18세기부터 20세기 초에 걸쳐 뱅상 라 샤펠,** 마리 앙투안 카렘,*** 위르뱅 뒤부아,**** 오귀스트 에스코피에*****(262쪽) 등 근

** Vincent la Chapelle. 1690 또는 1703~1745. 헤이그에서 체스터필트 영국 대사의 요리사로 일하면서 1733년에 세 권짜리 영문판 『현대의 요리사』를 집필하고 1735년에 네 권짜리 불문판을 출간했다. 이 책은 영국 귀족의 식문화에 큰 영향을 준 18세기 고전으로 꼽힌다. 퐁파두르 부인을 위해 '뛰이 다무르' 파이를 만든 것으로도 알려져 있다.

*** Marie-Antoine Carême. 1784~1833. 19세기 초 프랑스에서 활동한 전설적인 요리 장인. 프랑스 각지에서 온갖 형태로 발전해 온 요리 기법을 정리, 종합했다. 피에스 몽테를 개발했고, 나폴레옹과 알렉산드르 1세 등 유럽 황실과 지도자들을 위해 요리했다. 단순히 먹는 것에서 그치지 않고 미적 가치를 중시하는 프랑스의 음식 문화인 가스트로노미(gastronomie)를 이끌었다. 대표 저서로 『파리의 왕실 파티시에』, 『파리의 요리사』 등이 있다.

**** Urbain-Dubois. 1818~1901. 오랫동안 러시아에서 요리사로 일했으며, 러시아식 코스 상차림을 프랑스에 들여왔다. 마리 앙투안 카렘이 장인적 천재인 반면, 그는 이론가적 천재라고 일컬어졌다. 『고전요리』, 『오늘의 요리』를 비롯하여 많은 저작을 남겼다.

대 프랑스 요리의 기초를 다진 요리계의 걸출한 인물들이 배출됩니다. 현대 프랑스 요리의 개혁자 폴 보퀴즈******나 장 트루아그로*******도 그러한 선인들의 업적을 바탕으로 삼았겠지요. 위대한 요리사들의 연면한 계보는 확실히 프랑스 근대 문화와 사회 전체의 동향과 밀접하게 연관되어 있음을 간과해서는 안 될 것입니다.

이들은 제정과 왕정복고 시대에 상류층 시민들을 위해 옛 궁정 요리를 더욱 세련된 형태로 부활시키고 보급하는 데 힘을 다했습니다. 또한 요리와 과자의 '장식'에 관해 철저하게 연구해 후세에 크게 공헌했습니다.

레스토랑과 달리 과자점은 잘되리라는 보증이 전혀 없었기에 가게를 여는 데 용기가 필요했던 듯합니다. 그러나 루이 16세의 요리사였던 자케Jacquet라는 사람이 포세 드 몽마르트 거리(지금의 아부키르 거리)에 과자점을 내자 의원들이 줄을 섰다고 합니다. 그 밖에도 팔레 루아얄, 생토노레 거리, 생마르그리트 거리(현재의 트루소 거리)에도 과자점이 점차 꽤 많이 들어서기 시작했습니다.

♦♦♦♦♦ Auguste Escoffier, 1846~1935. 현대 프랑스 요리를 체계화해 '요리사의 왕', '왕의 요리사' 등으로 불린다. 런던의 사보이 호텔과 칼튼 호텔에서 주방장으로 일하면서 세계적인 명성을 얻었다. 프랑스 요리를 해외에 알린 공로를 인정받아 1920년 '레지옹 도뇌르 훈장'을 받았다. 저서로 『르 카르네 데피퀴르』, 『요리의 길잡이』, 『메뉴 책』, 『나의 요리법』 등이 있다.
♦♦♦♦♦♦ Paul Bocuse, 1926~ . 프랑스 전통 요리의 대가이자 누벨 퀴진(새로운 요리)의 시조이다. '세기의 요리사', '요리의 교황'으로 불리며, 1975년에 레지옹 도뇌르 훈장을 받았다.
♦♦♦♦♦♦♦ Jean Troisgros, 1926~1983. 동생 피에르 트루아그로와 함께 로안 지방에서 레스토랑을 운영했다. 당시 「미슐랭 가이드」로부터 별 세 개를 받은 이 레스토랑은 형제의 부모로부터 두 사람을 거쳐 현재 피에르의 아들 미셸 트루아그로가 운영하고 있다. 장 트루아그로가 사망한 뒤 그를 기려 기차역 광장을 '장 트루아그로 광장'으로 바꾸었다.

19세기에 들어오면 과자점의 수는 한꺼번에 부쩍 늘어납니다. 귀족과 부유한 시민 가정에서는 요리사를 고용했고, 고용 요리사들은 스프와 전채 요리, 찜 요리와 구운 고기 요리를 훌륭하게 만들어 냈습니다. 하지만 앙트르메나 과자, 아이스크림을 만들려면 또 다른 기술이 필요했기 때문에 제대로 된 과자를 먹고 싶으면 따로 주문해야만 했습니다. 특히 뒤에서 소개할 피에스 몽테라는 과자에는 특별한 기술이 필요했습니다. 파티시에를 고용하기도 했지만, 혁명 후에는 귀족뿐 아니라 부르주아와 재계 인물들도 과자를 더 많이 원해서 수요가 급격하게 늘어났습니다. 당시 아바이스, 장드롱, 르제, 라포르제, 바이이, 로제 등이 파리 시내에 가게를 낸 듯한데, 그것만으로는 부족했는지 새로운 파티시에를 더욱 원했습니다.

전설적인 과자 장인 마리 앙투안 카렘은『파리의 왕실 파티시에』*Le pâtissier royal parisien*(1815)에서 산책을 하다가 수준 높은 과자점들이 차례차례 파리에 문을 여는 모습을 보고 기뻐했다고 쓰고 있습니다. 기술 향상으로 파티시에들이 일솜씨가 세심해졌을 뿐 아니라 주문이 늘어남에 따라 가게 외양도 예뻐졌다고 합니다. 카렘은 자신의 작업과 저작이 세상에 널리 알려지기 전에는 이런 일이 없었다고 자랑도 합니다. 카렘 자신도 1803년에 라 페 거리에 자신의 과자점을 열었습니다.

나폴레옹의 업적

나폴레옹 보나파르트Napoléon Bonaparte는 1769년에 프랑스령 코르시카 섬에서 태어났습니다. 젊은 시절부터 군인과 지휘관으로서 능력이 도드라졌고, 특히 프랑스 혁명 후에 두각을 나타냈습니다. 1796년 이탈리아 원정에서는 사령관으로 출정해 연전연승을 거둔 끝에 이탈리아에 몇 개의 공화국을 세웠습니다.

개가를 올리며 귀국한 이후, 1799년 브뤼메르 18일의 쿠데타로 권력을 잡더니, 1804년에는 절대 권력을 손에 넣고 35세라는 젊은 나이에 '황제'로 즉위했습니다. 그러나 화려한 영광은 오래가지 못했지요. 프랑스의 이웃 나라들은 분연하게 동맹을 맺고 프랑스를 공격했습니다. 프랑스는 영국을 제외한 유럽 전체를 제압하는 성과를 올렸지만, 1812년 러시아 원정에서 좌절을 겪고 나서는 저무는 해가 되었습니다. 1813년 라이프치히 전투에서 패한 나폴레옹은 황제 자리에서 물러났고, 포로의 몸으로 엘바 섬에 유배당합니다. 그 뒤 부활을 꾀하여 황제 자리에 다시 올랐지만 백일천하로 끝나고 말았습니다. 영국령인 세인트헬레나 섬으로 유형을 당한 나폴레옹은 1821년에 세상을 떠났습니다.

혁명 후 혼란으로 피폐해진 프랑스에서 내전에 종지부를 찍은 나폴레옹은 사람들에게 엄청난 인기를 모았습니다. 그는 권력의 자리에 오르자 집정 정부를 세우고 독재 권력을 손에 넣었지요. 전쟁이나 정복을 수행하는 동안에는 혁명으로 얻은 '성과' 즉 모든 시민이 공공 영역에서 평등한 권리와 의무를 갖는다는 생각을 널리 외국까지 퍼뜨렸습니다. 그런 생각에 근거해 제정한 법률이 1804년의 나폴레옹 법전(민법)이었습니다. 이 법전은 가족, 재산, 계약을 다룬 것인데, 그때까지 지방마다 각기 달랐던 법률을 통합해 국가 통일을 완성했다는 점에서 높이 평가할 수 있습니다. 실제로는 다양한 지방의 제정법과 관습법을 섞어 만든 것인데, 모든 프랑스인에게 적용할 수 있었습니다. 또한 나폴레옹은 서서히 재정 상태도 안정시켜 1800년에는 '프랑스 은행'을 창설했고, 치안 안정을 위해 도적 대책도 세웠습니다. 그가 왕이 아니라 '황제'가 된 까닭은 반왕당파에게 등을 돌리지 않는 동시에 '고대'의 권위를 빌리려고 했기 때문이라고 합니다.

또한 나폴레옹은 유럽 정복과 원정 과정에서 이탈리아로부터 400점에 이르는 귀중한 미술품을 약탈해 왔다고 합니다. 그는 단지 그것을 전리품으로 가지고 온 것이 아니라, 문서를 통해 그 행위 자체를 합법화하려고 했던 듯합니다. 이렇게 프랑스로 유입해 온 고대의 유물과 예술로 인해 파리는 로마에 버금가는 유럽의 문화적 수도가 되었습니다.

영광을 그려 낸 과자 장인

나폴레옹과 밀접한 관계가 있는 파티시에가 위베르 르보*입니다. 나폴레옹의 집을 꾸미고 있던 장식품이 바로 르보가 만든 '피에스 몽테'였던 것입니다. 피에스 몽테란 장식용으로 쌓아 올린 커다란 과자를 말합니다. 르보는 주로 회화 작품 같은 피에스 몽테를 제작했습니다.

마겔론 투생 사마**의 『과자의 역사』La très belle et très exquise histoire des gâteaux et des friandises(2004)에 따르면 책임 파티시에였던 위베르 르보는 상류 계급 사람들을 초대한 만찬 자리와 공식 대무도회에서 프랑스군의 활약을 그린 멋진 베네치아풍 피에스 몽테를 만들어 선풍을 일으켰습니다. 거기에 그는 나폴레옹의 군대가 이탈리아의 로디 다리나 아르콜 다리를 행군하는 장면을 그렸지요.*** 다리는 시각적으로 훌륭한 소재였기 때문에 많은 역사 화가가 즐겨 그리기도 했습니다. 당시 여러 신문은 위베르 르보가 설탕, 비스퀴biscuit(달걀의 흰자와 노른자를 따로따로 거품 내어 만든 바삭바삭한 비스킷 또는 마른 빵), 누가, 그

◆　Hubert Lebeau, 1768~?. 파리에 처음으로 생긴 레스토랑 중 하나인 로제에서 책임 파티시에로 일했으며, 그곳에서 만든 과자들로 명성을 얻었다. 총재 정부가 나폴레옹을 생쉴피스 교회로 초대해 식사를 대접할 당시에 과자를 담당했다. 르보가 개발한 멋진 피에스 몽테들은 선풍을 일으켰다.

◆◆　Maguelonne Toussaint-Samat, 음식 문화사 연구의 일인자로 불리며, 유럽을 중심으로 고대로부터 19세기 및 현대에 이르는 음식 및 미식 문화 등에 대한 저서를 다수 집필했다. 대표작으로 『과자의 역사』, 『먹거리의 역사』, 『세계 먹을거리 백과』 등이 있다.

◆◆◆　1796년 5월, 나폴레옹이 지휘한 프랑스군이 볼리외가 지휘한 오스트리아군과 이탈리아 로디 다리 위에서 전투를 벌여 승리했다. 그리고 1796년 11월, 나폴레옹과 오주가 지휘한 프랑스군이 이탈리아 아르콜 다리에서 오스트리아군을 격파했다.

실 설탕 제조법

리고 물론 파스티야주(88쪽)를 사용해 걸작을 만들었다며 감동적인 어조로 보도했다고 합니다.

나폴레옹은 자신의 영광을 부각하고자 연극, 미술, 책을 이용했고, 특히 품격 있는 수려한 모습을 남기고자 자크 루이 다비드*를 비롯한 궁정화가들에게 자신의 영광스러운 모습을 그리도록 했는데, '과자'도 그러한 공헌에 일조했다는 사실은 흥미롭습니다.

마리 앙투안 카렘의 피에스 몽테

나폴레옹 시대를 끼고 전후로 요리와 과자의 '제왕'으로 활약한 인물이 바로 마리 앙투안 카렘입니다. 카렘은 1784년 가난한 노동자 집안

◆　　Jacques-Louis David, 1748~1825. 18세기 프랑스 회화의 전통을 고수하다가 이탈리아 르네상스 회화에 감명을 받아 신고전주의를 탐구했다. 프랑스 혁명 때 자코뱅파에 속해 「마라의 죽음」 등으로 날카로운 현실감각을 드러냈다. 나폴레옹의 총애를 받고 「나폴레옹의 대관」 등을 제작했다.

에서 태어나 열 살 때 부친에게 버림받지만 다행히 프리카세 드 라팡 Fricassée de Lapin이라는 허름한 식당의 주인이 거두어 준 덕분에 몇 년 동안 허드렛일을 하며 자랐습니다. 그러다가 15세가 되자 비비엔 거리에 있는 일류 과자점 바이이Bailly에 홀연히 수습 파티시에로 등장합니다. 거기에서 그는 곧장 두각을 나타내 타르트를 만드는 주임이 되었고, 주인의 호의를 입어 왕립도서관(현재의 프랑스 국립도서관)에서 공부할 수 있었습니다.

카렘이야말로 프랑스 과자의 황금시대를 구축한 천재 요리사이자 과자 장인입니다. 그의 가장 중요한 업적을 꼽자면 장식법의 개발이라고 하겠지요. 그는 위베르 르보의 회화적인 피에스 몽테와는 달리, 건축 자체라고 할 수 있는 피에스 몽테를 만들었습니다. 피에스 몽테는 연회의 식탁을 꾸미는 거대한 과자 장식품인 만큼 매우 중요한 요소입니다. 널찍한 판 위에 케이크나 설탕 과자를 쌓아 올려 만드는데 금속 골조로 고정할 때도 있습니다. 예술 작품 못지않게 공을 들인 피에스 몽테는 파스티아주로 만든 조각품이라고 해도 과언이 아닙니다. 피에스 몽테의 아름다움에는 먹을거리를 훌쩍 뛰어넘는 가치가 있었기 때문에 카렘 역시 무엇보다도 장식의 매력을 깊이 탐구했습니다. 때로는 작품을 길이 남기기 위해 식용으로 적합하지 않은 재료까지 접착제로 붙이기도 했답니다.

카렘이 만든 피에스 몽테 '고대 로마의 폭포'

과자와 건축의 관계

카렘이 과자 형태에 특별히 신경을 곤두세웠던 까닭은 과자를 일종의 작은 건축으로 삼아 과자를 통해 건축가가 되고 싶은 은밀한 야망을 실현하고자 했기 때문입니다. 신고전주의 요리사였던 카렘은 16세기 이탈리아의 고전주의 건축가 자코모 바로치 다 비뇰라Giacomo Barozzi da Vignola, 안드레아 팔라디오Andrea Palladio, 빈센초 스카모치Vincenzo Scamozzi 등에게서 건축 이론과 원리를 배워 '요리계의 팔라디오'라고 불렸습니다. 그는 매일같이 몇 시간이나 각국 건축물과 기념물, 정원 조성을 상세하게 연구하는 한편, 특히 왕립도서관 '판화실'을 자주 드나들었는데 화요일과 금요일에는 반드시 몇 시간씩 이용했다고 전해집니다.

1815년에 출간한 『화려한 파티시에』Le pâtissier pittoresque와 『파리의 왕실 파티시에』는 그가 이루어 낸 혁혁한 성과를 증언해 줍니다. 여기에는 조리법뿐 아니라 귀족이나 상류 인사들의 모임에 호화롭고 찬란한 장식 과자를 내놓기 위해 준비한 다수의 데생과 도판도 실려 있습니다. 이들 데생을 보면 그의 작품이 탄탄한 균형과 질서를 존중하는 고전주의적 성격을 띠면서도 낭만주의적이라는 점을 엿볼 수 있습니다. 장식이 풍부한 환상의 날개를 활짝 펴고 인도, 중국, 그리스, 이탈리아, 이집트, 터키, 독일 등 세계의 온갖 스타일을 구사하며 폐허, 사원, 성, 파비용pavilion(정자나 별관 등 간단한 부속 건물 ─옮긴이), 탑,

은둔처, 요새, 물레방아 등을 설탕으로 만들었습니다.

이런 특징은 동시대의 정원 조성과 평행적으로 나타납니다. 18~19세기에 왕후와 귀족의 정원에는 인도풍의 파고다pagoda(탑파나탑 모양으로 높이 지은 불교 사원—옮긴이), 터키풍의 키오스크kiosk(고대 이집트에서 유래한 정원의 정자—옮긴이), 이슬람식 첨탑인 미나레트minaret 외에도 전망대, 파비용, 사원 등 동양 취미와 이국 정취가 농후한 건물을 배치했습니다. 실로 상식적인 사고에서 벗어난 환상으로 둘러싸인 정원도 아마 카렘에게 영향을 주었을 겁니다.

그러나 아무리 공상적이라고 해도 어디까지나 구조물은 과자를 통해 실현해야 한다는 현실 조건을 충족해야 하기 때문에 카렘은 기술과 소재를 신중하게 골랐습니다. 『파리의 왕실 파티시에』에 나오는 '이끼 돋은 동굴'은 피토레스크pittoresque(회화적) 효과로 유명한데, 만드는 방법은 다음과 같았다고 합니다.

그 모습은 둥글고, 네 개의 아케이드 위에 놓여 있다. 본체는 여왕풍 크로캉부슈croquembouche(187쪽)로 구성되며, 그 위에 설탕 옷을 입힌다.(일부는 장밋빛 설탕, 또 다른 일부는 캐러멜, 나머지는 잘게 부순 설탕에 사프란을 첨가한 것이다.) 크로캉부슈를 냄비에서 꺼내서 5~8개와 10~12개의 그 룹으로 나누고 설탕과 잘게 다진 피스타치오를 위쪽부터 듬뿍 뿌린다. 네 개의 아케이드로 이루어진 바위산은 캐러멜 상태의 설탕을 섞은 슈 반죽 으로 쟁블레트gimblette(고리 모양의 쿠키)를 만들어 구성하고, 비단 체로 거른 섬세한 설탕을 바른다. 이들 쟁블레트를 기둥 안쪽에 겹쳐 쌓으면 예쁜 로카유rocaille*가 완성된다. 다음으로 그것들을 식힌 다음 바닐라 풍미의 크림을 넣은 머랭으로 둘러싼다. 바닥은 독일풍 와플이다. 제누와 즈(케이크 시트)는 왕관 모양으로 진주를 둥글게 늘어놓듯이 장식한다. 아 케이드 위에는 윤기를 낸 실 같은 설탕으로 작은 폭포를 배치한다.

탈레랑과의 만남

젊은 카렘은 주인 바이이와 함께 종종 탈레랑Charles-Maurice de Talleyrand의 집으로 마실을 나가 피에스 몽테를 만드는 일을 거들었 다고 합니다. 그러다 후에 나폴레옹 제정 시대(1804~1814) 10년 동안 탈레랑 밑에서 일하는 인연을 맺지요.

1754년 명문 귀족 집안에서 태어난 탈레랑은 오텡의 사교였지만, 세속적인 직업으로 바꾸어 프랑스의 정치와 외교를 위해 힘썼습니다.

◆　17세기 프랑스에서는 이탈리아의 영향을 받아 정원의 인공 동굴 내벽이나 분수 주변을 산호나 조가 비, 돌로 장식했는데, 여기에 쓰인 인조석을 가리킨다. 로카유에서 로코코 양식이 유래했다.

탈레랑

로베스피에르의 공포정치 시대에는 미국으로 망명했다가 귀국하여 총재 정부 시대에 외무대신을 역임했지만, 결국 사임합니다. 나폴레옹의 쿠데타에 참가해 1800년에 다시 대신 자리에 오를 만큼 나폴레옹이 신임한 인물입니다. 그러나 나폴레옹은 탈레랑이 영국과 화해를 도모하여 유럽 열강 사이의 세력 균형을 꾀하는 정책을 내놓자 반감을 품고 1807년 그를 해임합니다.

나폴레옹의 발탁으로 중임을 맡은 동안, 탈레랑은 나폴레옹 대신 귀빈을 접대하라는 명을 받아 적어도 일주일에 4회 넘게 만찬회를 열어야 했습니다. 이 일을 위해 상트르 지방의 발랑세 성이라는 훌륭한 성까지 구입했는데, 카렘은 바로 그곳 주방에서 솜씨를 발휘했지요. 카렘은 탈레랑을 섬기면서 귀족 가정의 식사 차림과 예법을 제대로 몸에 익혔습니다.

두 사람은 종종 요리에 관해 대화를 나눴습니다. 왕후 귀족의 식사 모임은 정치적인 의미도 띠고 있기 때문에 주최자의 입장이 엿보이는 장식, 즉 접대받는 사람이 걸어 온 발자취를 더듬거나 정책적 방침에 동조하는지 아닌지를 암시하는 장식을 꾸며야 했습니다. 또한 친족끼리 가족 모임을 여는 경우라면 격식을 갖춘 정식 만찬으로 분위기를 바꾸어야 했지요. 정식 만찬에서는 주인의 넉넉한 인품과 위엄을 보여 주는 동시에 초대받은 손님의 존귀함과 지위에 어울리는 요리를 차려야 했습니다.

그러한 역할을 맡은 식탁 위에서는 요리도 물론 중요했지만, 자유자재로 모양을 만들 수 있는 피에스 몽테 같은 장식 과자야말로 주역이 될 수 있었습니다. 그리고 배경을 이루는 식기와 식탁보 등에도 신경을 썼습니다. 카렘과 탈레랑은 과거 앙시앵레짐 때 유행한 현란하고 장대한 멋은 그대로 두면서도 고전주의적 품격을 더한 우아하고 군더더기 없는 식탁, 이른바 제정 시대의 과자 양식을 추구했습니다.

역사를 움직인 디저트

1811년 나폴레옹에 의해 자택 근신 처분을 받은 탈레랑은 1814년 3월 31일에 반나폴레옹 연합군이 파리로 침입해 들어오자 부활했습니다. 나폴레옹의 러시아 원정이 실패한 뒤, 그때까지 동맹을 맺었던 유럽 각국의 군주들은 러시아와 손을 잡고 프랑스에 등을 돌렸습니다. 연합군은 1813년 10월 프랑스군을 격파하고 이듬해 파리로 들어왔습니다.

그러자 탈레랑은 파리에 입성한 연합군을 환영하기 위해 자택에

서 연회를 베풀었습니다. 그때 요리사들은 카렘이 이 연회를 진두지휘하도록 우두머리로 임명합니다. 러시아 황제나 프랑스 원로원 의원들에게 나폴레옹의 '제국'을 멸망시키고 부르봉 왕가, 즉 루이 18세를 복귀시키는 것이 최고의 해결책이라고 설득하기 위해 열리는 중요한 연회였기 때문이지요. 1814년 4월 1일, 나폴레옹은 폐위당해 '제국'은 효력을 잃고 탈레랑이 임시 정부의 수장이 되었습니다.

이 연회의 책임을 맡은 카렘은 적군에게 아양 떨기는 싫다고 처음에는 고개를 저었지만, 정작 일에 착수하고 나서는 늘 그렇듯 뛰어난 솜씨를 발휘했고 결국 러시아 황제를 감동시켰습니다. 그는 러시아에 초대받아 알렉산드르 1세를 위해 얼마 동안 일하기도 했지만, 탈레랑이 러시아에서 첩보 활동을 시켰다는 설도 있습니다.

마겔론 투생 사마의 『과자의 역사』에 따르면, 1820년 카렘은 빈에서 영국 대사를 위해 아주 유명한 장식 과자를 만들었습니다. 설탕과 연꽃을 이용해 다섯 개의 거대한 트로피 모양으로 만든 그 과자는 연합군의 군대를 표현한 것이었습니다. 이중 하나는 나폴레옹 실각 후 유럽 체제를 주도한 오스트리아의 외무 장관 메테르니히Klemens von Metternich에게 바친 것이라고 합니다.

카렘 그 후

탈레랑을 충실하게 보필했던 카렘은 주인의 지시에 따라 영국과 러시아 등의 귀인들을 섬겼지만, 아무리 간곡하게 청해도 거절하는 경우도 있었습니다. 그럴 때는 "프랑스를 사랑하기 때문에 떠나기 어렵다"는 식으로 이유를 댔다고 합니다.

만년에 카렘은 프랑스뿐 아니라 유럽에서 첫째가는 은행가이자 금융업자로 우뚝 올라선 제임스 로스차일드가를 위해 일했는데, 주인도 요리사도 서로 만족했다고 합니다. 카렘의 처지에서 보자면 로스차일드 부부는 요리를 위해 지출을 아끼지 않았고, 로스차일드 부부가 보기에 카렘은 위대한 요리사이자 테이블 아트의 조언자로서 훌륭하게 일을 해냈기 때문입니다. 또한 로스차일드가는 재정적인 측면에서 프랑스의 왕정복고를 지원했고, 금융적 측면에서 유럽의 메테르니히 체제를 지지해 준 국제적인 재벌이었습니다.

카렘은 피에스 몽테 이외에도 과자에 있어 혁신적인 공을 많이 세웠습니다. 그는 도구도 고안했는데, 과자 반죽이나 크림을 짜는 봉지가 대표적입니다. 오늘날처럼 짤주머니나 깍지가 없던 시대에는 크림을 스푼으로 하나하나 떠서 올려놓아야 했는데, 보르도 지방에서 개발한 원추형 종이 봉지를 더욱 발전시켜 편하고 또렷하게 모양을 만들어 낼 수 있는 짤주머니를 고안한 사람이 바로 카렘이라고 합니다.

1833년에 세상을 떠나기까지 카렘의 활동은 거의 제1 제정기부터 왕정복고 시대에 이릅니다. 그는 당시 앙시앵레짐의 쇠퇴해 가는 요리 전통과 나폴레옹 이후에 융성한 부르주아의 새로운 요리 틈바구니에 있던 요리사이자 파티시에였습니다. 과연 피에스 몽테는 왕에게 어울리는 건축 소품이었습니다. 영국의 섭정 황태자(조지 4세)나 러시아 황제 알렉산드르 1세, 오스트리아의 궁정에서도 일한 그만의 자신감과 기획의 산물이라고 할 수 있겠지요. 카렘은 새로운 부르주아 요리가 점차 세를 얻어 가는 시대적 경향을 상징하듯, 정치가 탈레랑과 파리의 은행가 제임스 로스차일드의 주방장으로 일했습니다. 두 사람 모두 유럽에서는 최고의 요리를 대접하는 미식가로 알려져 있었지요. 실제로 카렘의 요리와 과자는 이후 여러 요리사와 파티시에들에게 고전으로 여겨질 만큼, 카렘 이후의 프랑스 요리와 과자는 그가 이룩해 놓은 성과를 미세하게 수정한 것에 지나지 않는다고 해도 틀리지 않을 것입니다.

　카렘의 후계자로는 위르뱅 뒤부아가 있습니다. 처음에는 로스차일드가의 요리사로서 카렘의 작업장을 계승한 앙스Hans의 제자였는데, 나중에 러시아 귀족 올로프Orlov 공과 프로이센 왕의 주방장까지 되었습니다. 그는 요리를 과학이자 예술로 여긴 카렘에게 깊이 영향을 받았지만, 건축보다는 조각에 몰입해 바탕이나 가장자리 반죽에 아주 세련되고 공들인 장식을 쌓아 올린, 복잡하고 섬세한 성곽이나 고대 유적 등을 설계했습니다.

보바리 부인의 웨딩 케이크

피에스 몽테는 옛날 귀족의 전통을 잇는 마지막 꽃 같은 것이었습니다. 새 시대의 주역으로 등장한 부르주아는 검소한 생활을 중시했기 때문에 화려한 과자의 세계는 서서히 사라져 갑니다. 다만, 장식 과자는 크기가 조금 작아져 생일이나 결혼식을 기념하는 꽃 역할을 담당합니다.

그렇게 현대에 족적을 남긴 장식 과자로는 '크로캉부슈'가 있습니다. 카렘이 고안했다고 알려진 이 피에스 몽테는 원래 캐러멜을 씌운 자잘한 과자를 파이 반죽 위에 촘촘이 겹쳐 원추 모양으로 쌓아 올린 다음 누가나 드라제로 장식한 것이었습니다. 나중에는 작은 슈크림을 쌓아 올리는 모양으로 바뀌었습니다.

결혼식에서는 피라미드 모양의 크로캉부슈 위에 설탕으로 세공한 꽃과 얇은 망사 리본으로 장식합니다. 꼭대기에는 인형을 한 쌍 올려놓는데, 물론 이것은 신랑과 신부이지요. 이 과자는 결혼식 이외에도 성대한 의식이나 세례식, 첫 성체식에 빠뜨릴 수 없는 것이 됩니다.

1856년에 출판한 귀스타브 플로베르Gustave Flaubert의 소설 『보바리 부인』*Madame Bovary*에는 피에스 몽테식으로 만든 '웨딩 케이크'가 등장합니다. 이 소설의 주인공 엠마는 시골

의사 샤를 보바리와 결혼하는데, 평범한 남편과 지루한 결혼생활에 환멸을 느끼고 어릴 적부터 꿈꾸던 낭만적인 이상을 추구합니다. 두 명의 남성과 불륜 관계를 맺는 그녀는 그 과정에서 점점 빚이 늘어나고 애인에게도 배신당하는 등 꿈이 완전히 깨져 결국 자살하고 맙니다. 다음에 인용한 대목은 엠마와 보바리의 결혼식 장면입니다.

타르트와 누가를 만들기 위해 일부러 이브토 마을에서 파티시에를 데려왔다. 파티시에는 이 동네가 처음이었기에 만사에 정성을 다했다. 자기가 직접 만든 케이크를 디저트로 냈는데, 모두 입이 떡 벌어졌다. 우선 제일 아래층에는 파란 판지 상자로 네모난 전당을 만들었다. 거기에는 복도와 줄지어선 기둥도 있었고, 금종이 별로 장식한 벽감마다 작은 회반죽 조각상이 줄줄이 서 있었다. 2층에는 스펀지케이크로 만든 망루가 서 있는데, 아몬드나 건포도, 오렌지 조각으로 장식했고 그 주위를 안젤리카 설탕 절임으로 만든 작은 성채가 둘러쌌다. 마지막으로 제일 위층 평평한 지붕은 바위산과 잼으로 만든 호수가 있는 녹색 들판이었다. 호수에는 개암 껍데기로 배를 만들어 띄웠다. 들에는 큐피드를 태운 초콜릿 그네가 있고, 그네의 두 기둥 위에는 둥근 구슬 대신 진짜 장미 꽃봉오리가 두 개 붙어 있었다.

실로 피에스 몽테의 시골 판이라는 느낌이 확 다가옵니다. 영문학자 니콜라 험블Nicola Humble이 쓴 『케이크의 역사 이야기』*Cake: A*

Global History(2010)에 따르면, 3층으로 나누어 놓은 피에스 몽테는 소설의 구조, 그러니까 3부로 나뉘는 소설 형식, 세 번의 중요한 축하연, 엠마의 인생에 나타난 세 사람의 남성과 조응한다고 합니다. 나아가 솜씨가 서툰 시골풍 피에스 몽테에는 조잡한 판지, 금종이, 잼을 사용하여 도시나 궁전의 세련미와 고귀함을 원숭이처럼 흉내 낸 꼴이라고 지적합니다. 이는 곧 결혼한 이후 자신의 상승 욕구를 충족하지 못하고 불만이 쌓여 가는 엠마의 미래를 예감하게 한다고 말합니다.

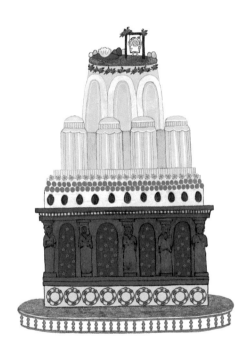

샤를로트와 블랑망제

카렘이나 뒤부아는 왕후 귀족을 비롯한 상류 계급을 위해 피에스 몽테를 만들며 솜씨를 겨루었습니다. 그렇지만 그들의 진면목은 대규모 연회용 과자에 그치지 않았습니다. 18세기부터 특히 19세기의 파티시에들은 오늘날까지 이어지는 과자의 주요하고도 기본적인 규칙을 정했다는 점도 중요합니다. 그 이전에도 과자에는 사과 타르트라든가 바닐라 아이스크림 같은 일반적인 이름이 있었지만, 개성적인 이름을 붙이고 요리 방법을 공유하려는 일은 별로 없었습니다. 그러나 이 무렵부터 파티시에들이 명확한 요리법이 담긴 책을 집필하기 시작하면서 창작자가 정한 이름, 모양, 재료, 만드는 방법과 꾸미는 장식 등 기본 규칙이 분명해졌고, 이를 지켜야 한다는 분위기가 생겨났습니다. 실제로 누가 만들었고 누가 이름을 붙였는지 알지 못하는 경우도 많았지만, 19세기에는 꽤 많은 과자 요리법이 공유되었고, 그것이 오늘날까지 명맥을 잇고 있습니다.

한 가지 예로 카렘이 이름을 붙이고 요리 방법을 정한 과자를 소개해 보지요. 카렘은 갖가지 서민적인 과자에 세련미를 더했는데, '샤를로트'charlotte도 그중 하나입니다. 샤를로트의 원형은 18세기 말 영국에서 들어온 과자입니다.* 원래는 잘게 조각 낸 스펀지케이크(또는 브리오슈)에 흰 포도주를 넣은 크림, 나아가 붉은 과일 젤리 또는 설탕 절임을 섞은 것이었습니다. 그러나 프랑스에서는 버터를 바른 둥근 시트 주위에 스펀지케이크 또는 부드럽고 가벼운 비스퀴를 빙 둘러 가며 세워 놓고, 가운데에 사과 콩포트를 채우고 계피와 레몬 향을 뿌려 구운 다음 커스터드 크림으로 뒤덮었습니다.

카렘은 한층 더 품을 들여 '샤를로트'이라는 이름까지 붙였습니다. 그는 샤를로트만 해도 수십 종류를 고안해 냈습니다. 그중 특히 유명한 것이 러시아 황제에게 바쳤다고 하는 러시아풍 샤를로트(샤를로트 아 라 뤼스charlotte à la russe)로, 열을 가하지 않  고 차갑게 식혀 먹는 과자입니다. 이 과자는 평평하게 구운 비스퀴를 샤를로트 틀에 가지런히 놓고 바닐라맛 바바루아bavarois(과일, 우유, 달걀, 설탕, 젤라틴 등으로 젤리나 무스처럼 만든 크림 디저트—옮긴이) 재료를 채워 만듭니다. 이때 비스퀴는 리큐어나 알코올에 흠뻑 적셔 놓은 경우가 많았던 듯합니다. 카렘 자신은 이것을 파리풍 샤를로트라고 명명했지만, 러시아풍 요리가 대대적으로 유행한 제2 제정 시대에 이름이 바뀌고 말았습니다.

또 하나, 카렘은 블랑망제blancmanger(아몬드, 설탕, 생크림을 젤라틴 또는 옥수수 녹말로 굳힌 뒤 식힌 과자—옮긴이)에 대해서도 자세하게 기술해 놓았습니다. 블랑망제는 아몬드 가루와 젤라틴으로 만드는데, 제1 제

◆ 　그레이트브리튼 아일랜드 연합 왕국의 왕 조지 3세의 왕비인 메클렌부르크슈트렐리츠의 소피아 샬럿 (Sophia Charlotte of Mecklenburg-Strelitz)을 기념하기 위해 만들어진 것이라고도 하고, 프랑스 귀부인들이 즐겨 쓰는 모자인 샤를로트와 닮은 데서 유래했다고도 한다.

정 시대가 끝날 무렵 널리 퍼진 듯합니다. 랑그도크 지방의 향토 과자에서 유래한 듯한데, 실제로는 중세까지 거슬러 올라갈 수도 있습니다. 중세 것은 아몬드와 벌꿀을 넣은 앙트르메였습니다.

카렘은 아몬드 밀크에 럼주, 마닐라, 커피, 마라스키노maraschino (마라스카라는 야생 체리로 만든 달곰쌉쓸한 혼성주—옮긴이), 세드라(시트론) 등으로 향을 넣는 방법을 생각해 냈습니다. 마찬가지로 달걀노른자에 휘핑크림을 섞은 약간 걸쭉한 소스를 넣은 블랑망제, 즉 바바루아의 할아버지뻘 되는 과자의 요리법도 써 놓았습니다.

프랑스 과자 이야기

여기에서는 19세기에 등장해 오늘날까지 조금도 시들지 않은 프랑스 과자를 몇 점 소개하겠습니다.

에클레르 éclair

1850년에 리옹에서 만들어졌다고 합니다. 슈 반죽으로 만든 과자인데, 처음에는 아몬드를 잘게 부수어 반죽에 섞었습니다. 점차 아몬드를 쓰는 대신 커피, 초코, 생크림 등을 속에 가득 채우게 되었습니다. 위에는 내용물과 색을 맞춰 설탕 옷을 입혔습니다.

파리 브레스트paris-brest

파리 북서부 교외의 메종라피트 마을 롱괴이 거리에 있
던 과자점에서 19세기 말에 자기 가게 앞을 통과하는 자
전거 대회를 기념해 만들었다고 합니다. 그것은 파리와 브르타뉴 지방의 항
구도시 브레스트를 잇는 경주였습니다. 슈 반죽으로 자전거 바퀴 비슷하게
모양을 만들고, 두 개의 '바퀴' 사이에는 구운 머랭과 프랄린praline(설탕에
졸인 견과류 또는 견과류로 속을 채운 초콜릿―옮긴이)을 더한 버터크림을 채웠
습니다. 위에는 아몬드를 뿌립니다.

밀푀유mille-feuille

뢰이타주와 크렘 파티시에르(커스터드 크림)를 쌓아 올
린 과자입니다. 버터와 밀가루를 켜켜이 접어 만든 반
죽에서는 다소 소금기가 느껴지는데, 그것과 크렘 파
티시에르의 조합이 절묘해 많은 사람들이 찬탄을 아끼지 않았습니다. 19세
기 초 루제Rouget라는 파티시에가 생각해 냈다고 합니다. 미식가인 그리모
는 천재적으로 뛰어난 수작업이라며 드러내놓고 추어올렸습니다. 루제가 만
든 밀푀유 요리법은 자세한 내용을 잘 알 수 없어 시간이 좀 흐르자 잊히고
말았습니다.* 그러나 1867년에는 파리의 바크 거리에 있는 과자점에서 여섯
번 접은 뢰이타주로 밀푀유를 만들어 호평을 얻었습니다. 반죽 사이사이에

193

는 크렘 파티시에르를 채우고 윗면에 살구 잼을 발라 설탕 옷을 입혔습니다. 옆면은 구운 아몬드를 사용해 덮었습니다.

생토노레 saint-honoré

1846~1847년에 파리의 고급 상점가인 생토노레 거리에 있던 어느 과자점에서 만들었다고 합니다. 기본적으로 왕관 모양 브리오슈에 크렘 파티시에르를 채운 과자인데, 이 가게의 생토노레는 수분을 빨아들여 두 시간쯤 지나면 반죽이 흐물흐물해져 버렸다고 합니다. 그래서 나중에 파티시에인 쥘리앵Julien 삼 형제가 조금 개량해 브리오슈 반죽 대신 잘 치댄 파이 반죽을 사용하고, 가장자리와 윗부분에 바삭하게 구운 반죽으로 만든 왕관 모양의 작은 슈를 늘어놓아 수분이 닿아도 전체적으로 바삭함을 더 오래 유지할 수 있도록 만들었습니다.

를리지외즈 religieuse

'수녀'라는 뜻인데, 베일을 쓴 수녀와 닮았다고 해서 이런 이름을 붙인 듯합니다. 커다란 슈 위에 작은 슈를 얹고 그 위에 녹인 초콜릿이나 커피를 흘리듯 부어 만듭니다. 1856년에 파리의 셰 프라스카티Chez Frascati라는 카페에서 맨 처음 만들었다고 합니다.

◆　밀푀유의 유래에 대해서는 의견이 분분하다. 헝가리 세게드 지방에서 유래했다거나 루제가 아니라 카렘이 만든 것이라는 얘기도 있다. 프랑수아 피에르 드 라 바렌이 쓴 『프랑스의 요리사』(1651)에 밀푀유에 대한 기록이 처음 등장했고 이후 앙투안 카렘이 밀푀유를 완성시켰다고도 한다. 19세기 초에 등장한 앙투안 카렘의 기록을 밀푀유의 기원으로 보기도 한다.

타르트 타탱 tarte tatin

사과 타르트의 일종인데, 반죽 위에 사과를 그대로 얹어 놓은 모양입니다. 1890년 즈음에 프랑스 중부 솔로뉴 지방의 라모트뵈브롱이라는 마을에서 어떤 자매가 레스토랑이 딸린 호텔을 경영했습니다. 매일 손님으로 북적일 정도로 인기 있는 곳이었는데, 어느 날 바빠서 허둥대던 언니 스테파니가 사과 타르트를 만들려던 참에 타르트 틀에 먼저 반죽을 까는 것을 깜빡하고 사과만 굽고 말았습니다. 실패라고 생각하던 차, 동생이 기지를 발휘해 위에 반죽을 덮고 계속 구운 다음 접시에 담을 때 뒤집었습니다. 과연 어떤 일이 벌어졌을까요? 버터와 캐러멜로 인해 곱고 윤기 있게 반짝거리는 과자는 손님들에게 매우 환영받았답니다. 퀴르농스키[2]라는 당시의 미식 평론가가 우연히 가게에 들러 이 타르트를 먹고 감격해 파리에 소개한 것을 계기로 대단한 인기를 끌었다고 합니다.

퓌이 다무르 puits d'amour

'사랑의 우물'이라는 뜻입니다. 파이 반죽을 이중으로 겹쳐 작고 둥근 우물처럼 만들고 바닐라 맛 또는 프랄린을 넣은 크렘 파티시에르나 잼으로 속을 채운 다음 표면에 설탕 옷을 입힌 과자입니다. 원래의 요리법은 퐁파두르 부인과 루이 15세를 위해 일했던 요리사 뱅상 라 샤펠이 1735년에 낸 저서 『현

[2] Curnonsky, 1872~1956. 20세기 프랑스 '미식계의 왕자'로 통하는 인물로, 1933년 프랑스 국립 원산지 명칭 통제 및 품질 관리원(INAO)을 창립했다. 또 잡지 『프랑스 와인 리뷰』를 창간했으며 프랑스 와인 아카데미를 세웠다.

대의 요리사』*Le cuisinier moderna*에 들어 있는데, 파이 반죽에 까치밥나무 열매의 잼을 채운 것이 었던 모양입니다. 그러나 19세기 파리에서 활약한 스토레, 코클랭Coquelin, 부르달루Bourdaloue 등 세 명의 파티시에가 의논해 지금과 같은 모양으로 만들었다고 합니다. 1843년 파리 오페라 코미크 극장에서 상연한 오페라 「퓌이 다무르」에 빗대어 붙인 이름이라고 합니다.

5장

부르주아의 쾌락

왕정복고

프랑스에서는 1814년 나폴레옹이 실각하자 제1 제정이 무너집니다. 그 후 어지러울 정도로 정치 체제가 줄줄이 교체됩니다. 왕정복고(1814~1830), 7월 왕정(1830~1848), 제2 공화정(1848~1852), 제2 제정(1852~1870), 제3 공화정(1870~1940) 등등으로 말이지요. 또한 정치 체제의 교체 사이에는 혁명이나 전쟁이 끼어 있습니다. 1830년의 7월 혁명, 1848년에 일어난 2월 혁명과 6월 봉기, 1851년 나폴레옹 3세의 쿠데타, 프로이센—프랑스 전쟁(1870~1871)에서의 패배, 그리고 1871년 파리 코뮌*이 그것입니다.

이렇게 정치 체제가 안정을 찾지 못하고 짧은 기간 안에 교체를 거듭한 까닭은 왕당파, 공화파, 보나파르트파 등이 각자 자기편을 모아 정치적 견해를 주장하는 한편, 내부적으로도 의견이 갈렸기 때문입니다. 이로써 참된 국민적 통일이 얼마나 어려웠는지 짐작할 수 있지요. 이는 한편으로 프랑스 혁명에서 제시한 이념이 저변까지 침투

◆　프로이센–프랑스 전쟁에서 프랑스가 패배하고 나폴레옹 3세의 제2 제정이 몰락하는 가운데, 파리 시민과 노동자들의 봉기로 수립된 혁명적 자치 정부. 1871년 3월 28일부터 5월 28일까지 존속했다.

하는 데 시간이 걸린다는 의미이기도 합니다. 다른 각도에서 말하면, 혁명의 이념이 진정으로 프랑스에 뿌리를 내리려면 프랑스 국내뿐 아니라 국외로도 퍼져 나가야 했던 것입니다.

나폴레옹이 실각한 후, 외국의 의향을 받아들인 탈레랑 덕분에 부르봉 왕조가 부활해(왕정복고), 단두대에서 처형된 루이 16세의 동생 루이 18세(재위 1814~1824)가 즉위합니다. 루이 18세는 자유주의적 부르주아와 사이좋게 지내려고 했습니다. 그래서 왕권을 신성하고 감히 범접할 수 없는 것으로 규정하면서도 은혜를 베푼다는 듯 프랑스 혁명의 성과를 받아들인 헌장을 제정합니다. 그는 귀족원과 소득 제한을 둔 선거로 뽑은 하원을 두어 반동적이지만 비교적 온건한 정치를 베풀었습니다. 루이 18세가 다스리는 동안 나폴레옹의 '백일천하'(1815)도 있었습니다.

1824년 루이 18세가 죽자, 그의 동생 샤를 10세(재위 1824~1830)가 왕위를 계승했습니다. 그는 형과 달리 사태를 혁명 전으로 되돌리는 것이 불가능하다는 것을 이해하지 못했습니다. 샤를 10세는 1825년 랑스에서 대관식을 치르고 앙시앵레짐으로 돌아가고자 귀족과 가톨릭 세력에 힘을 실어 주었습니다. 나아가 추방이나 재산 몰수를 당한 귀족에게 보상을 해 주는 법률이나 신성모독 행위를 엄벌에 처하는 법률을 통과시켰습니다. 그가 의지한 것은 앙시앵레짐의 복귀를 바라는 '과격 왕당파'였지요. 하지만 반동 세력은 부르주아의 반감을 샀습니다.

7월 왕정

1830년 반동적인 폴리냐크* 수상은 보도의 자유를 제한하거나 대토지 소유자에게 유리하도록 선거법을 개악한 법률을 공표했습니다. 그러자 파리 민중은 봉기를 일으켜 정부군과 시가전을 벌였고, 결국 샤를 10세는 왕위에서 쫓겨났습니다. 이것이 '7월 혁명'입니다. 이로써 7월 왕정 시대가 열렸지요. 오를레앙가 출신인 루이 필리프Louis Philippe(재위 1830∼1848) 왕 치하에서 산업화가 이루어지면서 은행이나 대기업과 손잡은 부르주아 계층이 지배적인 사회 세력이 되었습니다. 당시 선거는 아직 지극히 제한적이어서 선거권은 귀족과 대부르주아에게만 주어졌습니다. 왕은 선량한 가장처럼 행세하며 이권을 지키고자 했지요. '주식 매매의 왕'이라고 불린 루이 필리프는 권위주의적이고 교묘한 책사였습니다. 그의 통치는 정치가들의 타락이나 부패를 초래하여 점차 지지를 잃었습니다.

　7월 왕정 시대에 농업 총생산량은 상당히 늘었지만 흉작이었기 때문에 곡물 가격이 치솟았고, 궁핍해진 소작농이나 농업 노동자가 종종 소요를 일으켰습니다. 1846년부터 경제 위기도 심각해집니다. 한편 7월 왕정은 산업혁명이 본격화하면서 힘을 기른 산업 시민 계층이나 노동자로부터 반발을 샀습니다. 1848년 노동자와 소시민은 정부

◆　　Jules de Polignac, 1780∼1847. 나폴레옹 암살 계획에 가담하여 해외로 망명했다가, 왕정복고 후 수상을 지냈다. 7월 혁명으로 옥살이를 하고 석방된 후 런던으로 도피했다.

에 선거권 확대를 요구했지만 정부가 이를 거부하자, '2월 혁명'이 발발합니다. 이로써 루이 필리프는 영국으로 망명을 떠나고 제2 공화정이 성립했지요.

나폴레옹 3세

그러나 제2 공화정은 애초에 불안정했습니다. 노동자가 6월 봉기를 일으키는가 하면 왕당파가 세력을 키우기도 했습니다. 12월이 되자 망명지에서 돌아온 나폴레옹의 조카 루이 나폴레옹이 대통령 선거에 출마해 당선됩니다. 그런데 그는 1851년에 쿠데타를 일으키더니 자신이 대통령으로 뽑힐 수 있었던 헌법을 수정해 이듬해 황제 자리에 오릅니다.(나폴레옹 3세의 등극.) 이리하여 제2 제정은 1852년부터 시작해 1870년까지 약 20년 동안 지속되었습니다.

나폴레옹 3세는 처음부터 권위주의적인 체제를 표방하고 보도의 자유를 제한했습니다. 마침 경제 상황이 호경기로 돌아섰기 때문에 공공연한 반대자는 적었음에도 반대파를 억압했습니다. 그중 한 사람이 『레미제라블』로 유명한 작가 빅토르 위고Victor Hugo입니다. 정치가이기도 했던 빅토르 위고는 처음에 루이 나폴레옹을 지지했지만 독재 정치에 항거해 반대파로 돌아섰습니다. 그는 벨기에로 갔다가 영국 해협 최남단의 저지 섬, 간디 섬으로 망명해 나폴레옹 3세를 비난하는 작품을 발표했습니다.

한편, 나폴레옹 3세는 사르데냐 - 피에몬테 왕국을 지지해 이탈리아 통일에 힘을 실어 주었습니다. 이는 교황의 이해관계에 반하는 행동이었기 때문에 그는 교황의 노여움을 사고 맙니다. 이리하여 나폴레옹 3세는 교황의 지지를 잃어버린 데다. 설상가상으로 국내에서는 영국과 자유 통상 조약을 맺은 것 때문에 산업가들이 불만을 표출했습니다. 영국과 경쟁하는 것을 두려워했던 것이지요. 이렇게 되자 교황과 부르주아의 지지를 잃어버린 나폴레옹 3세는 자유주의자와 민중 쪽으로 기울었습니다. 그 결과 1860년부터 제2 제정은 좀 더 자유화의 길로 나아갑니다.

1864년에 노동자 파업을 합법화한 것이 자유화 경향의 전형적인 예일 것입니다. 나아가 노동자의 상호 부조 기금도 창설했고, 정권에 대한 비판도 가능해졌습니다. 1870년에는 입법원을 개혁해 입법원의 다수파가 정부를 조직하게 되었습니다. 이로써 대신들이 의회에 대해 책임을 지는 의회 제정議會帝政이 이루어집니다. 이렇듯 정부가 한층 더 민주화하면서 제2 제정의 기반은 단단해지는 듯했습니다. 그러나 프로이센의 수상 비스마르크의 도발로 벌어진 프로이센—프랑스 전쟁(1870~1871)에서 패하여 나폴레옹 3세가 포로로 잡혀 가자, 모든 것은 수포로 돌아갔습니다.

산업혁명과 계급사회

정치 체제가 몇 번이나 거듭 바뀌는 가운데 프랑스 사회는 서서히, 그러나 확실하게 변화해 갔습니다. 산업혁명과 자본주의가 뒤늦게 전개된 것입니다. 섬유 공업에서 출발해 금속 공업으로 산업 발전이 이루어집니다. 7월 왕정 시대는 프랑스에서 산업화가 본격화된 시기로, 특히 철도의 발달이 두드러졌습니다. 당시 수상이었던 기조*는 '부자가 되자'를 새로운 사회의 표어로 내걸었습니다. 그 후 제2 제정기에는 상공업 부르주아 계급이 희망하는 대로 시책을 시행하고 공공사업이나 금융 개혁을 대거 실시해 산업의 약진을 이루었습니다.

한편, 산업혁명으로 인해 새로운 계급인 노동자(프롤레타리아)가 대두했지요. 그들은 낮은 임금을 받으며 중노동에 시달려야 했고, 부상이나 질병으로 인해 비참한 처지에 놓였습니다. 이런 현상에 주목해 새로운 사회 질서를 꿈꾸고 사회주의 사상의 선구자가 된 사람이 나중에 '공상적 사회주의자'라 불리는 생시몽**이나 샤를 푸리에***였습니다. 그들은 과학자, 엔지니어, 산업가, 예술가를 중심으로 노동자 연

◆　　François Pierre Guillaume Guizot, 1787~1874. 7월 혁명 직후, 루이 필리프 왕 아래에서 수상으로 보수 정치를 펼쳤다. 부르주아 체제 안정을 위해 노동 세력의 요구를 무시하고 반대 당을 탄압해 2월 혁명을 초래했다.
◆◆　　Henri de Saint-Simon, 1760~1825. 18세기 계몽주의자 달랑베르에게 교육받았고, 미국 독립전쟁에 참가했으며, 프랑스 혁명 당시 귀족 직위를 버렸다. 산업 사회가 앙시앵레짐을 대체한다고 생각했고, 마르크스와 엥겔스에 영향을 주었다.
◆◆◆　　Charles Fourier, 1772~1837. 생시몽, 오언과 함께 3대 공상적 사회주의자 중 하나다. 자본주의 사회의 모순을 통렬히 비판하며 농업을 기초로 한 공산주의적 생산 협동제를 설립할 것을 제안했다.

합체인 산업 체제 사회, 착취와 억압이 없는 사회를 재구성하고자 했습니다. 한편 자본주의를 비판하고 노동의 조직화를 구상한 블랑****이나 프루동*****의 사회주의 이론도 프롤레타리아를 고통으로 몰아넣는 사회의 부정의를 어떻게든 시정하고자 하는 시도였습니다.

이 시대의 주역은 은행가와 무역상, 공장 경영자 같은 부르주아와 금리 생활자였습니다. 그들은 자기 세상인 것처럼 굴면서 앞 세대를 지배한 귀족을 대신해 도시 생활의 기초를 닦고 시민의 가치를 정립해 갔습니다. 부르주아의 눈에 근대적 공장 노동자들은 위험한 계급으로 비쳤지요. 프랑스 혁명 초기에 앞장을 선 세력은 부르주아였지만, 혁명이 어느 정도 성과를 거두어 부르주아에게 유리한 사회가 실현된 듯 보이자, 그들은 더 이상 혁명을 원하지 않고 보수화됩니다. 반면 노동자들은 단결해 독자적인 세계를 구축해 가지요. 7월 혁명 이후 혁명과 폭동에서는 항상 노동자가 선두에 서서 정치와 사회의 부조리와 싸웠습니다.

•••• Louis Blanc, 1811~1882. 2월 혁명 후 단둘이었던 노동자 대표 중 한 사람으로, 임시정부에서 노동시간 단축과 국립 작업장 설립을 추진했다. 파리 민중 봉기가 진압당하자 영국으로 망명했다. "각자가 능력에 따라 생산하고 필요에 따라 소비한다"는 말을 남겨 공산주의에 영향을 미쳤다.

••••• Pierre-Joseph Proudhon, 1809~1865. 무정부주의 사상가이자 사회주의자로 저서 『소유란 무엇인가』에서 자본가의 사적 소유를 부정하며 힘 대신 정의를 가치 척도로 삼아야 한다고 주장했다. 국제 노동자 협회(제1 인터내셔널)와 파리 코뮌에 사상적으로 큰 영향을 끼쳤다.

부르주아들의 식생활

그러면 시대의 주인공으로 떠오른 부르주아는 어떤 생활을 실현해 나 갔을까요. 부르주아는 가족을 소중하게 여겼기 때문에 집이 곧 왕국 이나 마찬가지였습니다. 그래서 옷보다는 옷장, 식탁, 화장대 등 가구 에 돈을 썼지요. 가구는 부드러운 곡선, 달걀 모양, 원뿔 모양, 비늘이 나 조개껍데기 모양, 소용돌이 모양, 담쟁이덩굴과 꽃 장식 등을 선호 했습니다. 이성과 계몽의 시대는 장식의 시대이기도 했지요. 식당도 단란하게 식사하며 안락하게 지낼 수 있는 장소로서 중시했고, 혼자 틀어박혀 편지를 쓰거나 독서를 하는 사적 공간으로서 개인 방도 마 련했습니다.

부르주아들은 귀족의 식사를 모델로 삼았습니다. 이미 17세기 이 후 귀족들 사이에서는 자제력 없이 배부르게 먹고 마시거나 이국 취 향의 향신료를 듬뿍 쓰는 낡은 방식이 힘을 잃습니다. 새로이 문명화 하면서 식사 방식도 함께 변했습니다. 왕권이 강해지는 가운데 군사 적인 역할도 약화되고 정권에서도 배제당한 귀족들은 훌륭한 식탁을 통해 자신의 가치를 확인하기에 이르렀습니다.

17세기의 새로운 요리에는 이국적 향신료를 쓰지 않고 오히려 프 랑스 토착 향초香草 등을 적극적으로 활용해 문화적인 의미를 부여하 고자 했습니다. 그 때문에 '품격 높은 미식'이 프랑스 문화 모델의 주 요한 요소로 떠올랐습니다. 이런 움직임은 18세기에도 이어져 식탁은 계몽주의적인 감미로움이 피어나는 곳이 되었지요. 앞에서도 말했지만, 식탁을 더욱 세련되고 관능적으로 만든 것은 여성이었습니다. 귀족의 새로운 가치관과 남녀가 함께하는 식탁을 좋아하는 경향이 이 시대 프랑스 요리를 더욱 섬세하고 맛있게 가다듬었습니다.

루이 15세의 친족이자 섭정을 맡았던 필리프 도를레앙Philip d'Orleans은 팔레 루아얄에서 섬세하고 색정적인 식사 모임을 주최했습니다. 다들 이른 아침까지 진수성찬과 쾌락에 몸을 맡겼다고 합니다. 루이 15세 자신도 베르사유 이외에 불로뉴 숲의 뮈에트 성과 특히 파리 근교 슈아지 성에서 '가벼운 야식'을 즐긴 것으로 알려져 있습니다. 이것은 공식적인 연회가 아니라 친족끼리의 모임으로, 우아하고 재기 넘치는 귀부인들을 불러 스스럼없이 즐기며 멋을 내는 식사 모임이었습니다. 왕이 스스로 요리를 만들어 모두에게 즐거움을 안겨 줄 때도 있었습니다.

19세기 부르주아들도 귀족이 이상적으로 여긴 식사를 규모만 약간 축소해 가정에서 흉내 내고자 했습니다. 부르주아들은 새롭게 얻은 부와 지위를 소비 행동으로 드러냈지요. 동시에 부르주아의 사고방식은 사적인 세계를 중시하기 때문에 그들은 주로 집 밖이 아니라 집안일에 관심을 기울이거나 지출을 했습니다. 특히 바람직한 식탁을 꾸미기 위한 노력은 각별했지요. 카페와 레스토랑은 공적이면서도 사적 요소를 겸비한 공간이자 가정의 연장선으로 파악했습니다.

1830년대에 이르면 부르주아의 생활 방식은 외향적으로 변하고,

부르주아 가정

지위를 과시하는 경향으로 흐릅니다. 특히 여성의 복장이 화려해졌지요. 그들은 자기 계급의 승리를 확신하고 외부 세계, 즉 길거리와 대로를 자신의 영역이라고 생각하기 시작했습니다.

프티푸르의 즐거움

초기 부르주아들은 여성과 어린이가 중심이 되는 친밀한 가족생활을 소중하게 여겼습니다. 가정에서 커피와 초콜릿 음료를 마실 때 과자를 먹은 것은 물론이고, 불로뉴 숲으로 가볍게 소풍을 가서 말이나 자전거를 타고 쉴 때에도 맥주나 차에 과자를 곁들여 먹는 사람이 많았던 듯합니다. 부르주아들은 비스트로, 레스토랑, 클럽, 극장에서 즐기는 일도 잊지 않았지요.

이에 부르주아의 소박한 즐거움에 꼭 어울리는 과자인 '프티푸르'petit four가 탄생합니다. 맨 처음에는 '프리앙디즈'friandise(식도락, 까다로운 입맛, 갈망이라는 뜻–옮긴이)라고 불렀습니다. 대개는 통상적인 식사 이외에 오로지 쾌락만을 위해서 먹는 것을 가리키는데, 단맛도 있고 짠맛도 있었습니다. 이 말은 이미 14세기 중반에 쓰이기 시작했고 당초에는 궁정의 먹을거리를 가리켰던 듯하지만, 르네상스 이후에는 작은 설탕 과자를 가리키는 말이 되었습니다. 프리앙디즈는 귀족이나 상류 시민, 특히 귀부인이 주최하는 파티에 얼굴을 내밀었고, 과자를 좋아하는 마니아를 프리앙friand(여성형은 프리앙드friande)이라고 불렀습니다. 3장에 나왔던 사블레 부인은 실로 프리앙드로서 이름을 날렸던 것이지요. 1796년, 그러니까 혁명의 어수선한 분위기가 가라앉기도 전에 『프리앙디즈 입문』Le manuel de la friandise이라는 책이 나왔습니다.

19세기가 되면 프리앙디즈라는 말은 점차 사라지고 '프티푸르'라는 말이 등장합니다. 이 말 자체는 18세기로 거슬러 올라가는데, 여열이라는 뜻이었습니다. 돌을 쌓아 오븐을 만들던 시대였으니 소소한 구이 요리는 메인(고기 등) 요리를 끝내고 불을 끈 다음에 여열로 구웠던 것이지요.

프티푸르는 아마도 16세기 이탈리아에서 들어온 다양한 소형 과자에서 유래한다고 생각됩니다. 19세기 부르주아 사회에서는 오후에 즐기는 차 한 잔에 프티푸르를 곁들이는 것을 매우 소중히 여겼습니다. 기본적으로 집에서 직접 만드는 것이어서 각 가정에서는 엄마가 딸에게 바람직한 소양을 길러 주기 위해 요리법을 가르쳤지요. 이렇게 가정에서는 가풍이 엿보이는 귀여운 과자를 친지와 손님에게 대접했습니다.

1862년 북서프랑스 낭트에는 최초로 프티푸르 공장이 생겼습니다. 그곳에서는 살짝 직사각형에 가장자리가 톱니처럼 울퉁불퉁한 비스킷을 만들었지요. 밀가루, 설탕, 버터를 섞은 반죽을 사용했습니다. 물론 다른 모양도 있었어요. 커다란 케이크(에클레르나 과일 타르트)를 작게 만든 것 같은 프티푸르 프레petit four frais(프레는 가공하지 않았다는 뜻으로, 마른 과자나 쿠키를 뜻하는 프티푸르 세크petit four sec와 달리 오래 보존할 수 없는 것)도 있었고, 과일에 여러 가지 설탕 옷을 입힌 것도 있었습니다.

일요일 아침이면 부르주아들은 선량하고 경건한 시민으로서 지역의 교회 미사에 참석했지만, 교회의 문을 나서자마자 곧장 마을에서 제일가는 과자점으로 달려가서는 인기 많은 과자를 종이봉투에 가득 담아 행여나 땅에 떨어뜨릴까 조심조심 들고 돌아오는 것이 커다란 즐거움이었습니다. 가족과 함께 점심을 잔뜩 먹고 나서는 두 볼 가득 디저트를 먹는 것이 벨 에포크La Belle Époque(좋은 시절)라고 불리는 시대에 누리던, 소박하지만 더할 나위 없는 천상의 기쁨이었던 것입니다.

프티푸르는 오후에 마시는 차의 친구일 뿐 아니라 점심 또는 가벼운 파티에도 빼놓을 수 없는 것이 되었습니다. 본격적인 디저트에 곁들이기도 하고, 디저트 다음에 미냐르디즈mignardise(귀여움, 사랑스러움이라는 뜻의 작고 단맛 나는 케이크와 과자류—옮긴이)라는 이름으로 작은 과자를 자주 내놓기도 한 듯합니다.

살롱의 번영

프티푸르를 접대 음식으로 내놓는 계기가 된 곳이 '살롱'이었습니다. 18세기 파리에서는 귀족의 살롱이 번성했는데, 혁명 후 복고 왕정에서 2월 혁명까지 이곳저곳에서 우아한 모임이 열렸습니다. 살롱은 귀족이 독자적인 사교 모임을 통해 신분과 존재 가치를 지키기 위한 기초 단위였습니다. 특히 포부르 생제르맹Faubourg Saint-Germain, 포부르 생토노레Faubourg Saint-Honoré, 쇼세 당탱Chaussée-d'Antin, 마레 Marais라는 네 개의 지구가 파리 사교계를 주무르는 특권적인 장소로 알려졌습니다.

살롱의 규모는 그날그날, 그리고 시간대에 따라 달랐습니다. 오후가 시작될 무렵에는 귀족 여성이 아주 친한 몇 사람, 또는 정치가와 문인 등 엄격하게 선별한 사람에게만 문을 열어 주었습니다. 하지만 해가 뉘엿한 4시가 되면 수십 명의 지인이 줄지어 나타나서 환영을 받았고 늦은 밤에는 무도회가 열려 몇백 명이 북적일 때도 있었습니다. 7월 왕정 시기에는 귀족 여성이 일주일 중 하루를 골라 거의 오후 2시부터 7시까지 손님을 맞이하는 관습이 자리를 잡았습니다. 여성들은 각자 작은 모임을 주최하기 위해 4시에는 반드시 집을 지키며 사교계의 남성 정치가와 예술가를 대접했습니다. '4시'는 각각의 살롱을 여는 시간과도 같았습니다. 그런 모임에 남편은 고개를 내밀 수 없었습니다. 아니, 남편은 다른 여성이 주최하는 살롱을 드나들어야

파리의 우아한 살롱

했지요. 부부의 화목한 정을 과시하는 것은 조잡하고 품격이 낮은 일로 여겼습니다.

후작 부인과 공작 부인은 '작은 날'과 '큰 날'을 구별해 작은 날에는 관계가 친밀한 사람만 초대했습니다. '큰 날'에는 대규모 살롱에서 무도회도 개최했지요. "화요일을 잊지 마세요." 또는 "목요일을 잊지 마세요." 하면서 늘 초대 손님을 챙기는 것이 우아한 부인이 지켜야 할 예절이었습니다. 음악을 연주하고 노래를 부르고 낭독을 하면서 다들 자신의 예술혼을 뽐내고 매력을 발산했습니다. 살롱에서는 대개 4시에 다과를 대접했지요.

어느 가게의 과자 맛을 좋아하는지, 어느 가게의 과자가 맛있는지에 관해 정보를 나누고 지식을 겨루는 일도 여성들에게 중요했습니다. "프티푸르나 갖가지 케이크는 부르보뇌에 자주 부탁하지요. 하지만 차가운 과자는 그곳에서 사면 안 돼요. 냉과라면 바바루아도 그렇고 소르베도 그렇고, 르바테가 단연 으뜸이지요."(마르셀 프루스트, 『잃어버린 시간을 찾아서』) 스완 부인의 살롱에서 코타르 부인은 이렇게 말합니다. 때로는 살롱에서 '카페놀이'를 하며 즐길 때도 있었지요. 카페의 여주인 노릇을 하는 여성들은 작은 모자를 쓰고 삼각형 숄을 걸치고 모슬린 앞치마를 둘렀고, 카운터에는 오렌지, 과자, 팸플릿, 광고지 등을 놓아두었습니다.

19세기에 살롱은 귀족뿐만 아니라 중산층 전체의 모델이 되었습니다. 하녀를 고용하는 것과 살롱을 여는 것이 부르주아 계급에 입성했다는 증거라고 말했을 정도입니다. 주로 관리, 회사원, 교장, 교사의 아내들이 살롱을 많이 열었지요. 부르주아들도 트럼프 놀이나 춤을 즐기고, 설탕물과 레모네이드를 마시면서 갓 구워 낸 뜨거운 브리오슈와 프티푸르를 먹었습니다. 그러나 안타깝게도 부르주아의 살롱은 아무래도 참된 귀족의 살롱을 희화화한 것에 지나지 않았습니다.

빛나는 파리와 중앙 시장

프랑스 과자는 가정보다는 철저하게 전문적인 세계에 속한다는 특징이 있습니다. 프티푸르는 약간 다르지만, 대체로 주부는 몸소 과자를 만들지 않아도 되었습니다. 마음에 드는 가게를 찾아내 매주 가서 과자를 구입하거나 기념일에 특별한 것을 만들어 달라고 주문하는 것이 지극히 당연한 일이었습니다.

다만, 가게가 속속 새로 출현하니 다들 평판이 좋은 새로운 가게에 꼭 가 보고 싶었을 것입니다. 주부에게는 새롭고 맛 좋은 가게를 찾아가는 것이 일종의 유행이었습니다. 어슬렁거리며 걷다가 우연히 발견한 과자점에 무심코 들어가 보는 일은 참 즐거웠겠지요.

19세기는 파리가 점점 더 빛을 발하는 시대이기도 했습니다. 나폴레옹 3세가 통치하던 1855년의 파리 만국 박람회와 1900년에 열린 박람회에는 수많은 여행자가 몰려왔습니다. 특히 1900년에는 6개월 동안 5,100만 명이나 모였지요. 파리는 프랑스뿐 아니라 세계의 멋을 두루두루 전시하는 유일무이한 도시였던 것입니다.

1850년대에는 센의 지사인 오스만 남작*이 중세의 작고 불규칙한 거리를 부수고 곧게 뻗은 불바르boulevards(대로)를 만들려는 시책을

◆　Georges Eugène Haussmann, 1809~1891. 나폴레옹 3세가 주도한 파리 개조 사업에서 공을 세웠다. 이 사업은 초기에 막대한 공사비 때문에 국민들로부터 비난을 샀으나, 준공 이후에는 영국 등 다른 나라들로부터 찬사를 받았다.

펼쳤습니다. 오스만은 도로 교통망과 상하수도를 정비하고 간선 철도를 완성하는 동시에 산업 구조를 변혁했습니다. 호평도 있고 악평도 있지만, 분명한 것은 파리의 모습을 근본적으로 바꾸었다는 점이지요. 진흙과 먼지로 뒤덮이지 않도록 꼼꼼하게 포장한 길 양옆으로 아름다운 건물이 늘어선 모습은 처음 본 사람들에게 감동을 자아냈습니다.

그러나 이러한 합리적 변혁의 이면에서 '사회적 계급 분화'도 함께 이루어졌다는 점을 지나쳐서는 안 됩니다. 다시 말해 개선문을 둘러싼 대로 주변의 고급 주택가인 서부 지구와 기술자 및 노동자의 세계인 동부 지구, 즉 마레 지구와 바스티유 광장 주변에서 벨비유 대로와 메닐몽탕 대로로 이어지는 지구가 나뉘었고, 중앙 시장이 그 둘을 가로막는 장벽 역할을 톡톡히 맡게 되었던 것입니다.

1857년부터 2년에 걸쳐 파리 중앙 시장을 새롭게 건설하면서 낡고 무질서한 작은 상점을 부수었기 때문에 넓은 대로가 곧게 뻗어나갈 수 있었습니다. 그곳에 가볍고 현대적인 밝은 빛의 공간, 철과 유리로 만든 파비용이 몇 개나 서 있는 거대 건축군이 우뚝 나타나 사람들의 입이 떡 벌어졌습니다. 『나나』와 『목로주점』으로 잘 알려진 작가 에밀 졸라Émile Zola는 『파리의 배』Le ventre de Paris(1873)라는 소설에서 파리 중앙 시장을 무대로 삼고 있습니다. 소설 속 파리 중앙 시장에는 아침 일찍부터 채소와 과일, 어패류를 쌓아 올린 짐차가 줄을 지어 도착하고, 짐꾼들이 경매에 부칠 달걀, 치즈, 버터를 바구니에 담아 건물 안으로 실어 나르는 모습이 인상적으로 그려져 있습니다.

이 작품에 나오는 깡마르고 내숭스러운 주인공은 나폴레옹 3세의 제
2 제정에 반감을 품고 동료와 폭동을 일으키려고 합니다. 그는 온갖
먹을거리가 터져 날 듯 들고 나는 중앙 시장으로 흘러들어 와 많은
사람의 도움도 받지만, 결국에는 왕성하게 소동을 벌이는 불룩한 배,
즉 시장의 병적인 이물질이 되어 튕겨져 나옵니다. 한편,『목로주점』
L'Assommoir(1877)에서는 주인공인 세탁소 여주인의 생일 축하 장면에
서 사원 모양의 가토 드 사부아gâteau de savoie(프랑스 사부아 지방의 스
펀지케이크－옮긴이)가 나오고,『제르미날』*Germinal*(1885)에는 광산 대주
주 일가의 행복한 아침 식탁을 상징하는 과자로 브리
오슈와 초콜릿이 등장하는 등 과자도 중요한 역할
을 해내고 있습니다.

플라뇌르의 출현

메르시에*의『파리의 풍경』*Tableau de Paris*(1781~1888)과 브르통**의

---

*   Louis-Sébastien Mercier. 1740~1814. 노동자 계급 출신의 극작가이자 저널리스트로 스스로를 "프
랑스에서 가장 위대한 책팔이"라고 부르며 열정적으로 집필 활동을 했다. 희곡 50여 편과 다수의 평론을 남
겼고, 일간지 「애국 문학 연보」를 창간했다. 낭만파 운동의 선구자로 고전주의를 맹렬히 비판했다.
**   Nicolas Edme Restif de la Bretonne. 1734~1806. 식자공으로 일하며 보마르셰, 메르시에, 그리모
등의 작품을 접하고 30대에 파리로 건너가 글을 쓰기 시작해 죽을 때까지 200권이 넘는 책을 펴냈다. 사회
실재론자이면서 신비주의적 에로티시즘에 몰두해 18세기 프랑스인의 삶과 사회의 퇴폐적인 단면을 생생하게
묘사했다.

『파리의 밤』*Les Nuits de Paris ou le Spectateur nocturne*(1788~1794)은 회화적인 산책자 문학으로 유명합니다. 파리를 걸어 다니면서 날카로운 관찰안으로 세상을 비평한 메르시에는 음식의 세계에도 관심이 대단해서 과자점, 카페, 술집, 시장, 시민의 식탁, 다양한 음식 재료에 대해 의견을 내놓고 있습니다. 또한 도시, 특히 파리를 관찰하고 언어로 묘사하고자 하는 사람이 다수 나타납니다. 아마도 글로 쓰지는 않았더라도 사람들에게 들키지 않고 파리의 군중이나 미로 안으로 파고들어가 열심히 관찰하는 사람이 적지 않았을 것입니다.

이렇게 19세기 파리의 부르주아들이 누린 즐거움이야말로 플라느리*flânerie*(한가한 산책)였는데, 이런 즐거움을 습관처럼 몸에 익힌 사람을 플라뇌르*flâneur*(산책자)라고 불렀습니다.

자, 그러면 플라뇌르들은 어디로 갔을까요? 파리는 여기저기 경치를 바라보며 돌아다니기만 해도 기분 좋은 곳이지만, 서점이나 식당에 들어가는 일은 더욱 즐겁습니다. 옷가게, 카페, 레스토랑 등도 대중의 눈길을 사로잡는 장소였지요. 혁명 이래 상점 수가 증가했는데, 특히 1815년 이후에 급증했습니다. 그중에서도 눈에 띄게 많은 식료품점은 진열을 훌륭하게 해서 멋을 낸 매력적인 장소였고, 쇼핑은 부르주아들의 커다란 즐거움이었습니다. 그 대신 18세기에 많았던 노점, 포장마차는 설 자리를 잃었습니다. 또한 제2 제정 시대에 탄생한 백화점은 가스등과 유리, 거울의 반짝임으로 구매욕 가득한 손님을 유혹했습니다.

19세기는 과자의 황금시대였습니다. 파리와 리옹 등 미식으로 유명한 도시는 수많은 파티시에를 배출하는 동시에 가게를 짓고 꾸몄습니다. 쇼윈도에 늘어놓은 맛있고 예쁜 과자를 보는 것도 플라뇌르의 즐거움이었지요. 연인들도 손을 잡고 산책을 즐겼고, 종종 고프르(와플)를 먹으러 샹젤리제 근처 카페를 찾았습니다. 눈빛을 교환하고 마음을 나누면서 고프르를 덥석 베어 먹는 연인들에게 그 과자는 마음껏 쾌락의 향기를 내뿜는 것과도 같았습니다.

지식인들의 파리 산책

문인과 지식인도 파리를 산책하며 작품을 구상했습니다. 『고리오 영감』, 『골짜기의 백합』 등으로 잘 알려진 사실주의의 대가 오노레 드 발자크Honore de Balzac는 파리 거리를 산책하는 것을 매우 좋아해서 레스토랑 간판을 지긋이 바라보기도 하고, 그 안에서 본 것을 소설의 소재로 삼기도 했습니다. 이전에도 『레미제라블』의 작가 빅토르 위고처럼 굶주리고 가난한 모습을 묘사한 작가는 있었지만, 미식 취향이나 인간의 성性을 인간관계의 결정적인 요소로 다루었다는 점에서 발자크는 특별했습니다. 그의 작품에는 레스토랑이 자주 나왔고, 연인들의 식사, 고급 창부의 야식, 일하면서 먹는 새참 등 다양하게 식사 장면을 집어넣었을 뿐 아니라, 식사 내용에 대해서도 구구절절 묘사

했습니다. 배가 터지도록 굴을 먹어 치우는 인물, 식도락에 빠져 허우적거리며 파멸해 가는 인물도 등장합니다.

발자크 이후의 작가들은 작품 안에서 부엌이나 식탁 모습을 활발하게 그려 냈습니다. 플로베르(187쪽)와 모파상(71쪽)도 그러한데, 앞에서 소개한 에밀 졸라가 특히 중요합니다.

샤를 보들레르Charles Baudelaire도 플라뇌르로 유명한 시인으로, 댄디즘(겉치레, 허세를 중시하는 정신적 귀족주의—옮긴이)을 최초로 추구했습니다. 그는 독신으로 살면서 가산을 탕진하고 궁핍한 처지에 몰려 비참하게 생을 마감했습니다. 하지만 누구보다도 파리라는 도시를 사랑해서 파리 곳곳을 샅샅이 거닐며 시의 소재를 찾아 헤맸습니다. 이 카페 저 카페에 출몰해서는 원고를 쓰거나 시를 낭송하거나 했지요. 그는 『낭만파 예술』L'Art romantique(1868)에서 이렇게 말합니다.

완벽하게 어슬렁거리며 걷는 사람, 정열적인 관찰자는 군중 속에, 물결치는 인파 속에, 술렁임 속에, 달아나는 것과 끝없는 것 속에 파묻히는 일을 무한한 쾌락으로 여긴다. 집 밖에 있으면서 어디를 가나 집에 있는 것 같은 기분이 드는 것, 세계를 보면서 세계의 중심에 있는 동시에 세계로부터 몸을 숨기는 것…… 이것이야말로 독립적이고 분방하며 정열적이고 공정한 정신의 소유자가 누리는 아주 사소한 즐거움인데, 차마 언어로는 능숙하게 표현해 낼 길이 없다. 관찰자란 곳곳에서 잠행을 즐기는 왕족인 것이다.

산책이란 일종의 문명이자 전혀 새로운 지각 방식이기도 합니다. 그것은 사람과 사람, 사람과 넘쳐 나는 물건이나 상품 사이에 이루어지는 만남과 상호작용의 새로운 형식이었습니다. 그렇다면 상품이 넘쳐 나는 파리야말로 산책의 성지라는 것은 당연지사겠지요. 파리 시민은 거리에서 살고 있다는 말까지 있었습니다.

19세기는 산책의 황금시대였습니다. 집 밖이 약속의 땅이자 거처이며 생명의 근원이었던 반면, 자기 집은 어색하고 냉기가 돈다고 느끼는 사람도 있었던 듯합니다. 가정이야말로 자신의 왕국이라고 느끼는 부르주아적 심성과 거리가 있어 보이지만, 아마도 양면이 다 있었을 겁니다.

미식가 그리모의 식도락 안내서

18세기까지는 호화찬란하게 산더미처럼 쌓아 올린 요리가 있었어도 맛을 알아보는 미각은 그다지 발달하지 못했습니다. 아니, 먹는 것을 '논하는' 습관 자체가 별로 없었지요. 미식이 발달하려면 다양한 관점에서 미식을 이야기하는 풍조가 생겨나야 합니다. 미식을 둘러싼 분위기를 이끌고 나간 인물이 바로 그리모, 브리야사바랭 같은 미식 평론가였습니다. 그들 덕분에 식도락이 예술의 경지로까지 올라가고 사회적 자질의 중요한 덕목이 되었습니다.

미식 문학의 아버지 그리모는 부유한 징세 청부인의 아들이었습니다. 그는 1803~1812년에 『미식가 연감』을 8호까지 간행함으로써 미식 평론이라는 새로운 분야를 개척했습니다. 그 결과 『미식가 연감』을 안내서 삼아 파리를 거니는 식도락 산책자가 등장하기에 이르렀지요.

『미식가 연감』 2호의 부제는 '파리 거리마다 돌아다니는 어느 구르망의 산책'입니다. 이 책의 주인공은 생토노레 문에서 출발해 여기저기 걸어 다니며 가게를 하나하나 구경합니다. 구르망gourmand이란 미식가를 뜻하지요. 이 책에는 주로 레스토랑, 카페, 과자점, 식료품점이 나오는데, 특히 과자점에 대해 아주 많이 거론하고 있습니다. 또한 테이블 아트에 필요한 식기와 천 가게도 소개합니다. 그가 돌아다닌 식당에는 고급스러운 레스토랑이 있는가 하면 대중적인 술집도 있었습니다.

또한 가게의 위치나 특징뿐 아니라 분위기와 장식, 추천 요리와 가격까지 제시하는 것은 물론, 결점과 속임수를 고발하고 가게 주인의 서비스를 평가하기도 합니다. 나폴레옹 시대에 나온 이 안내서는 당시 총재 정부, 집정 정부의 국민 회의에 참여하기 위해 각 지방에서 혼자 상경해 파리로 모여든 많은 의원들에게 귀한 책으로 대접받았습니다.

저자는 최신 식도락 대상으로 과자와 잼을 거론했는데, 이 점에 주목해야 할 것입니다. 레스토랑 이상으로 식료품점과 과자 가게를 많이 소개한다는 점에서 외식보다는 '포장해서' 집에 가져가 먹는 사람을 타깃으로 삼고 있음을 알 수 있습니다. 새롭게 개발한 새 얼굴의 과자를 속속 소개하며 비평을 붙이고 있는데, 파리에서 버터 소비량이 엄청나게 높은 이유 중 하나가 과자점에서 대량으로 소비하기 때문이라고 지적하기도 합니다. 나아가 20년 전쯤부터 과자 만드는 기술이 비약적으로 장족의 발전을 이루었다고 밝혀 놓았습니다.

그리모는 미식과 예절이 긴밀하게 결부되어 있다고 생각했습니다. 진정한 미식가는 예절과 생활의 요령을 몸에 익히지 않으면 안 됩니다. 어떻게 보면 혁명의 정치적, 사회적 소용돌이 속에서 탄생한 새로운 엘리트들에게 앙시앵레짐 시대의 예절을 가르치는 것이 그의 목표였다고도 말할 수 있겠지요.

브리야사바랭과 뒤마

미식 담론의 발전에 더욱 공헌한 사람이 쟝 앙텔름 브리야사바랭입니다. 먹는 것을 좋아하는 사법관이었던 브리야사바랭은 프랑스 혁명 중에 처형당할 위기에 처했지만, 미국으로 망명해 목숨을 건졌고 귀국 후에 대심원 판사가 되었습니다. 그는 일하며 짬짬이 『미각의 생리학』이라는 책을 썼습니다. 이 책은 1826년부터 오늘날까지 50쇄 이상 찍은 베스트셀러입니다.

이 책에서 그는 구르망의 뜻을 정의하면서 미식을 이론적으로 정립하려는 목표를 세웠습니다. 그러한 맥락에서 미식(구르망디즈 gourmandise)은 '대식' '탐식' '음주벽' 등과는 대조적으로 사회적 자질과 처세술이 된다며 긍정적인 평가를 내립니다. 특히 미식을 과학적으로 다루려는 것이 특징입니다. 그래서 요리에는 교육 강좌, 아카데미, 이론가, 실천가가 필요하다고 합니다. 더불어 스스로 관찰하고 경험한 데서 우러나오는 '미각의 생리학'을 제시하려고 시도했습니다. 이는 인간의 생리학과 관상학, 나아가 화학, 해부학, 영양학, 역사학, 민속학 등과 연관성 있는 새로운 과학이라고 할 수 있습니다.

그는 딱딱한 논고보다는 숱한 일화와 충고, 역사적인 내력, 아포리즘(잠언) 등을 구사해 재미있게 서술하고 있습니다. 그 과정에서 프랑스는 '미식의 나라'로 탈바꿈했습니다. 과자에 관한 대목에서 그는 트뤼프, 설탕, 커피, 초콜릿을 '흥분제'라고 논하고 있습니다. 설탕에 대해서는 옛날에 약으로 사용한 역사를 언급한 다음, 다양한 용도를 제시하고 있습니다.

밀가루나 달걀에 섞으면 비스킷, 마카롱, 크로키뇰, 바바같이 다양한 가벼운 과자가 된다. 이것은 최근 프티푸르니에(한입 과자 기술자)라 불리는 사람들이 시작한 제과 기술의 산물이다.

우유에 섞으면 크림, 블랑망제, 그 밖의 맛있는 것이 되어 제2 코스를 아주 유쾌하게 마무리하게 해 준다. 그것은 고기류의 진하고 느끼한 맛을

요리하는 뒤마

잊게 하고 섬세하고 가벼운 향기를 맛보게 해 주기 때문이다.

이렇게 새로운 과자의 기획도 발 빠르게 주시하고 있습니다.

사바랭과 이름이 같은 케이크도 잘 알려져 있는데, 사실 사바랭 케이크를 만든 사람은 사바랭이 아닙니다. 파리의 부르스 광장에서 과자점을 운영하던 쥘리앵 삼 형제가 사바랭의 이름을 따서 만든 것입니다. 사바랭은 3장에 나온 '바바'와 비슷하지만, 건포도 대신 오렌지 껍질을 잘게 다져 설탕에 조려 넣는다는 점이 다릅니다. 왕관 모양 틀에 굽고 나서 다 식으면 중앙에 크림(커스터드 크림 또는 휘핑크림)을 넣고, 마지막으로 과일을 얹습니다. 그리고 럼주나 키르슈kirsch(버찌를 양조해서 만든 브랜디—옮긴이) 시럽을 끼얹었지요. 크림을 채우는 것이 바바와 결정적으로 다른 점입니다.

또한 작가 알렉상드르 뒤마Alexandre Dumas도 미식가로 알려져 있습니다. 극작가로 출발해 『삼총사』나 『몬테크리스토 백작』 등 역사 소설로 큰 성공을 거두었지만, 만년에는 작품이 별로 팔리지 않아 괴로워했습니다. 마지막 작품으로서 만전을 기해 써낸 작품이 『요리 대사전』*Grand dictionnaire de cuisine*(1896)이었습니다. 약 750쪽에 걸쳐 요리와 식자재를 해설한 사전인데, 요리법 이외에도 온갖 일화를 채록하고 있어 매우 흥미로운 책입니다. "내 모든 작품이 읽히지 않게 되더라도 이 작품만은 끝까지 남으리라." 하고 장담할 정도로 뒤마는 자신감에 차 있었지요. 그 자신이 상당히 요리 솜씨가 좋은 사람이었던 것 같습니다.

카페 드 푸아와 르 프로코프

플라뇌르들의 발길이 닿는 곳에는 과자 가게가 늘어서 있고 카페도 있었습니다. 혁명 전에는 팔레 루아얄 주변에 문학 카페나 정치가들이 모이는 카페가 상당수 있었던 듯합니다. 팔레 루아얄은 원래 루이 13세 당시의 재상인 리슐리외의 성관이었는데, 왕에게 증여하겠다는 유언에 따라 국왕 루이 14세가 옮겨와 살았습니다. 그래서 팔레 루아얄(왕궁)이라는 명칭을 얻었지요. 이후에는 왕족이 살기 시작했습니다.

나중에 리슐리외 시대의 건물을 부수고 정원으로 둘러싸인 건물을 증축한 팔레 루아얄은 임대료 받는 점포로 시중에 나왔고, 그곳에 카페, 레스토랑, 무도장 등이 들어섰지요. 그러자 그 일대는 곧장 번화가로 변해 팔레 루아얄이라는 지명으로 통했습니다.

카미유 데물랭

팔레 루아얄의 카페 중 하나인 '카페 드 푸아'Café de Foy는 혁명 전 자코뱅 클럽이 모이는 곳이었습니다. 자코뱅 클럽은 로베스피에르가 이끄는 산악파를 배출한 정치 클럽입니다. 혁명 직후인 1789년 7월 12일, 저널리스트이자 정치 활동가이기도 한 카미유 데물랭Camille Desmoulins이라는 사람이 탁자 위로 뛰어올라 검을 뽑아 들고 손잡이를 휘두르며 "휘장을 달고 일어서자!" 하고 외쳤다고 합니다.

궁정이 귀족의 사교장이었다면, 서민의 사교장은 카페였습니다. 카페가 숲을 이루듯 무성해지면서 아이스크림이 널리 보급되기 시작했다는 것도 기억해 둡시다. 예를 들어 파리에서는 1686년에 창업한 빈풍 카페 '르 프로코프'가 커피, 초콜릿, 바닐라, 계피 등을 넣은 세련된 아이스크림으로 손님들의 혼을 쏙 빼놓았습니다.

그 뒤 아이스크림을 내놓는 카페가 잇따라 늘어났는데, 이러한 현상은 역시 파리를 비롯한 대도시에서 일어났던 듯합니다. 메르시에의 『파리의 풍경』에는 이렇게 쓰여 있습니다.

아이스크림을 먹는
사람들

아이스크림 기술자는 아직 대도시에만 있는 진정한 장인이다. 파리 밖으로 나가 보라. 여름 과일과 가을 과일을 넣은 아이스크림, 버터를 넣은 아이스크림, 키르슈를 넣은 아이스크림, 볼로냐풍의 아몬드 밀크를 넣은 아이스크림을 만나려면 100리유(거리를 재는 예전 단위로 약 4km―옮긴이)나 헤매고 다니지 않으면 안 된다. 이런 방면으로 진정한 진보를 이루어 낸 곳은 역시 도시라고 하지 않을 수 없다.

카페라는 낙원

한쪽 벽면이 전부 거울로 되어 있고 천장에는 크리스털이 반짝거리는 르 프로코프는 문학 카페로 이름을 날렸습니다. 그런데 비슷한 부류의 카페가 눈 깜짝할 사이에 늘어났지요. 르 프로코프의 영향으로 인해 카페는 1721년에 300개, 1787년에 3,000개, 제1 제정기에는 4,000개로 늘어났습니다. 좁은 길이며 골목, 극장이나 공연장, 강가, 그리고 나중에 이야기할 파사주passage와 회랑 등 어디를 가더라도 카페가 널려 있었습니다. 심지어 파리에서는 카페를 피해 다닐 수 있는 곳은 없다는 말까지 나왔지요.

눈부신 장식과 아름다운 조명, 월등하게 뛰어난 가구와 소품을 구비한 멋쟁이 카페는 서둘러 식사하는 사람은 물론, 천천히 수다를 즐기려는 사람에게 낙원과 같은 곳이었습니다. 베르사유에서 활기 넘치는 파리의 귀족 살롱으로, 나아가 부르주아의 카페로, 문화의 중심은 역사의 흐름에 따라 옮겨 갔습니다.

마실 것과 먹을 것이 어우러진 메뉴를 살펴보면, 맥주에는 약간 짭짤한 비스킷을 곁들이고 베르무트vermouth(포도주에 여러 가지 향신료를 섞어 만든 혼성주)에는 올리브 등이 따라 나왔지만, 차와 커피에는 케이크, 랑그드샤langue de chat(고양이 혀라는 뜻의 납작하고 길쭉한 과자—옮긴이), 마들렌 등을 함께 즐기는 것이 전형적이었지요. 카페 덕분에 커피, 아이스크림, 과자가 눈에 띄게 널리 퍼졌습니다. 또한 카페에서는 식사도 나왔기 때문에 종종 레스토랑도 겸했습니다.

사람들은 커피를 마시고 과자를 먹고 당구를 즐기거나 카페에 있는 신문을 훑어보기도 하고 거기에 모인 친구들과 담소를 나누었습니다. 혁명 후 모든 계층은 정치적 관심이 아주 강해졌는데, 특히 혁명

많은 사람들이 모인 카페

을 계기로 '국민군'이 창설되어 사람들은 같은 깃발 아래 모이게 되었습니다. 또한 출판의 자유가 보장되면서 신문과 잡지가 한꺼번에 늘어났지요. 이 모든 요인이 카페 수를 늘린 동력이었습니다.

따라서 정치적인 색채를 지닌 카페도 많았습니다. 왕당파의 카페, 공화파의 카페, 사업가를 위한 카페도 있었지요. 카퓌신 대로의 카페는 파리에서도 가장 귀족적인 카페로 유명했는데, 그 앞에는 카페 안에서 담소를 즐기는 주인을 기다리는 마차가 구렁이처럼 길게 줄을 서 있었다고 합니다. 이 대로는 참신한 맛을 자랑하는 초콜릿 가게와 설탕 과자 가게로도 유명했습니다.

파사주와 과자점

카페가 늘어난 이유 중 하나는 파리 이곳저곳에 파사주가 모습을 드러냈기 때문입니다. 파사주를 따라 늘어서듯 카페가 증가했던 것입니다.

19세기 초에 생겨나기 시작해 1820~1850년대에 매우 번성한 파사주는 멋들어진 아케이드 거리를 말합니다. 대부분 천장은 유리로 덮여 있고 출입구 이외에는 밀폐되어 있었기 때문에 실제로는 바깥인데도 마치 실내 같은 분위기를 띠었습니다. 골조는 철로 만들었고, 길은 깔끔하게 포장했으며, 양쪽으로 상점이 줄을 지었지요. 상점의 파사드(정면 외관)도 커다란 유리창으로 만들어 여봐란 듯이 상품을 진열하고 있었을 뿐 아니라 조명으로는 가스등을 이용해 아름다움이 돋보였습니다.

파사주는 파리 거리의 번잡스러움이나 더러움으로부터 격리된 장소였습니다. 진흙도 튀지 않았고, 비를 맞지 않고 이동하면서 눈요기를 즐길 수 있는 획기적인 설비였습니다. 그곳에 켜 놓은 가스등은 어둑어둑한 바깥 거리와 대조를 이루었지요. 1850년 파리에는 파사주가 150개 정도 있었습니다.(지금은 20개 정도밖에 남아 있지 않습니다.) 원래는 궂은 날씨로부터 부유한 손님을 보호하려고 만든 것이었지만, 곧장 파리의 모든 계층에게 사랑을 받았습니다. 특히 부르주아들 마음에 쏙 들었지요. 부르주아가 동경하는 친밀하고 세련된 가정을 거리 바깥으로 연장한 시설이었기 때문입니다.

파리의 과자점

20세기 독일 사상가 발터 벤야민Walter Benjamin은 파사주에 대해 논하면서 '산책'이 파리 거리를 실내로 바꿔 놓았다고 주장했습니다. 부르주아처럼 화목하고 따뜻한 가정을 바랄 수 없는 노동자까지도 파사주를 유유히 지나가며 부르주아 가정의 분위기를 언제나 즐길 수 있었습니다. 그는 『파사주 프로젝트』Das Passagen-Werk에서 이렇게 지적했습니다. "노동자들의 눈으로 보면 파사주는 응접실이었다. 다른 어떤 곳보다도 파사주는 대중의 눈에 가구를 갖춘 친숙한 실내의 모습으로 비춰졌다."

파사주에는 수많은 카페가 있었는데, 예를 들어 오페라 좌(극장)의

파사주의 하나인 갈레리 비비엔. 거리 쪽에 있는 입구를 통해 안으로 들어가면 유리 천장으로 덮인 통로가 있고 양옆으로 상점이 늘어서 있다.

파사주와 거기에 붙어 있는 두 개의 화랑에는 유명한 카페, 레스토랑, 과자점이 몇 개나 있었습니다. 20세기 초 그곳은 루이 아라공Louis Aragon, 앙드레 브르통André Breton 같은 초현실주의 예술가들이 모이는 곳이었습니다. 그러나 아쉽게도 1925년에 오스만 대로를 만들 때 부서지고 말았습니다.

또한 왕실과 인연이 깊은 팔레 루아얄과 그곳의 파사주, 회랑에도 귀족, 문인, 정치가 등 저명인이 드나드는 카페가 많았습니다. 그리모, 브리야사바랭도 단골이었지요. 1815년 무렵에 그러한 카페인 미르 콜론Mille Colonnes을 운영한 로맹 부인Madame Romain은 파리에서 손꼽히는 절세미인이었다고 합니다. 카페에는 그녀를 보기 위해 손님들이 떼를 지어 몰려왔습니다. 역사 소설 『아이반호』를 쓴 스코틀랜드 출신 작가 월터 스콧Walter Scott도 툭하면 미르 콜론을 드나들었다고 하는군요.

승합마차와 철도

파사주가 수없이 들어선 시대에는 이동 수단에도 혁명이 일어났습니다. 1830년대부터 파리 시내에는 승합마차인 옴니뷔스omnibus가 돌아다니기 시작했습니다. 가난한 사람과 귀족, 남자와 여자가 어깨를 나란히 맞대고 타야 했기 때문에 실로 19세기 전반의 민주제를 표상하는 듯했습니다. 예전 같으면 부자는 자기가 소유한 호화로운 사륜마차나 카브리올레cabriolet(접이식 덮개가 달려 있고 말 한 마리로 달리는 이륜마차)로 이동했고, 그렇지 못한 사람은 길목에서 손님을 기다렸다가 태우는(당시 2,000대쯤 있었던) 마차를 이용했다고 합니다.

말 세 마리가 끄는 승합마차는 12~20명을 태웠는데, 정해진 시간에 정해진 길로 달리면서 마부나 차장에게 신호를 보내면 멈추었습니다. 신분에 관계없이 모든 사람이 편리하게 애용했습니다. 베리 공작부인*도 부인 한두 명과 함께 승합마차 타기를 즐겼다고 하지만, 승합마차를 가장 자주 이용한 것은 부르주아였습니다. 승합마차는 카페나 파사주와 더불어 19세기 후반 부르주아의 생활 방식과 떼려야 뗄 수 없는 존재가 되었습니다.

한편, 철도 부설과 철도망 발달로 프랑스 전체에 교통 혁명이 일어났습니다. 농촌은 도시에 비해 자본주의의 이점을 누리는 일이 훨

◆　　Duchesse de Berry, 1798~1870. 양시칠리아 왕국의 공주로, 샤를 10세의 아들인 베리 공과 결혼했으며 앙리 5세의 어머니이다.

신분이 다양한 사람들이
동승한 승합마차

씬 늦어졌습니다. 분명 영주제 폐지로 농민의 신분 해방은 이루어졌지만, 앙시앵레짐의 생활양식은 완고하게 지켜지고 있었던 것입니다. 그런데 농촌이나 작은 마을이 도로와 철도에 의해 대도시와 연결되자 이내 지방에서도 막을 수 없는 변화의 조짐이 보였습니다.

　영국에서는 1830년에 리버풀과 맨체스터 사이에 철도가 놓였습니다. 석탄으로 달리는 증기기관차였지요. 1832년부터 프랑스에도 증기기관차가 달리기 시작했습니다. 프랑스의 대중은 새로운 기술에 반발하거나 의심스러운 눈초리를 보냈습니다. 옛 질서가 흐트러지거나 재정적 문제가 일어나리라는 불안 때문에 철도 부설에 그다지 호의적이지 않았던 것입니다. 그러나 농공업이 급격하게 발전하면서 제정 및 왕정복고 시대에 정비한 도로와 뱃길을 통한 운송은 산업이 요구하는 바를 수용할 수 없게 되었습니다. 그리하여 1842년 이후에 들어와 본격적으로 철도의 시대가 열렸습니다.

다들 새로운 문명의 상징인 철도를 목청껏 찬양했습니다. 철도 노선은 1848년 3,000킬로미터에서 1870년에는 1만 4,000킬로미터, 1900년에는 4만 5,000킬로미터까지 놀라운 기세로 뻗어 갑니다. 철도를 깔고 기차를 움직이기 위해 석탄과 철의 수요가 늘어나자 석탄 생산과 제철 산업이 탄력을 받았고, 제철 업계는 정치권을 쥐고 흔들 만한 힘을 얻기에 이르렀습니다. 마침내 '철의 시대'를 맞이한 것입니다. 1889년 파리 만국 박람회 때 세운 에펠탑은 철의 시대를 드높이 상징하는 기념물이었습니다.

파리로 모여드는 명산품

철도망을 정비해 지방과 중앙이 연결되면서 음식 문화는 어떻게 변화했을까요? 결론적으로 말하면, 도시의 먹을거리가 지방으로 퍼져 나가기보다 지방의 명산품이 예전보다 훨씬 많이 파리로 모여들게 됩니다. 품목과 양은 지방에 따라 격차가 크고 질적으로도 차이가 있었지만, 아무리 먼 곳에서도 파리로 물자를 보낼 수 있게 된 것입니다.

철도망이 촘촘하게 정비되자, 농업도 변해 갑니다. 1880년에는 농산물의 가치가 25년 전 50억 프랑에서 80억 프랑으로 늘어났습니다. 이는 한마디로 철도 덕분입니다. 다시 말해 철도가 농업에 있어 완전히 새로운 가능성을 열었기 때문이지요. 기근에 대비해 잡곡을 심던 토지에 이제는 도시 시장에 비싸게 내다 팔 것을 심기 시작한 것입니다. 그 결과 보리와 호밀 작황이 줄고, 빵과 과자에 사용하는 밀과 귀리의 생산량이 늘었습니다. 또한 설탕의 원료인 사탕무가 비싸게 팔리면서 가난한 지역이 부유해질 가능성이 높아졌습니다.

한편, 그때까지 지방에서만 먹고 다른 곳에는 별로 알려지지 않았던 과자가 파리로 들어와 얼굴을 내밀기 시작합니다. 어떤 과자는 전국적으로 호평을 얻거나 '프랑스 명품 과자'로 국외에 알려지기도 했습니다. 예를 들어 보르도 지방의 카늘레cannelé(세로로 울퉁불퉁하게 홈이 팬 작은 원통형 틀에 럼주 등으로 향을 더한 반죽을 넣어 짙은 찻잎 색깔이 나도록 구운 과자), 엑상프로방스의 칼리송calisson(설탕에 절인 멜론과 아몬드를 곱게 갈아 베틀의 북 혹은 배 모양으로 만든 과자), 북노르망디 지방의 부르덜로bourdelot(서양배를 통째로 반죽으로 싸서 구운 과자), 리무쟁 지방의 플로냐르드flaugnarde(타르트 반죽에 과일을 넣고 커스터드 크림과 비슷한 반죽을 부어 구운 과자), 브르타뉴 지방의 퀴니아망kouign-amann(소금과 버터, 이스트를 넣은 브리오슈 반죽을 둥글게 만들어 발효해 구운 과자), 앙주 지방의 자두 파이, 그리고 낭시의 마카롱 등이 지방 과자의 대표 주자입니다.

A la recherche du temps perdu

프루스트와 마들렌

20세기를 대표하는 작가 마르셀 프루스트의 유명한 장편소설 『잃어버린 시간을 찾아서』에는 과자가 몇 번이나 나오는데, 모두 추억과 밀접하게 연관되어 있습니다. 그중에서도 유명한 것이 가리비처럼 생긴 부드럽고 촉촉한 과자 마들렌입니다. 길고 긴 이야기의 서두에는 이런 내용이 나옵니다. 어느 겨울날 엄마가 화자이자 주인공인 '나'에게 몸을 녹이라며 홍차 한 잔과 마들렌을 가져다줍니다. 마들렌을 홍차에 적셔 입술에 갖다 대는 순간, 어릴 적 추억이 생각납니다. 언제나 일요일 미사 전에 레오니 숙모가 주었던, 보리수 차에 푹 담근 마들렌 조각의 맛이 저절로 떠오른 것입니다. 그로부터 주인공이 조곤조곤 자기 삶을 이야기합니다.

그런데 마들렌은 언제 어떻게 태어났을까요? 유래를 둘러싼 설들이 분분하지만, 확실해 보이는 것은 다음과 같습니다. 3장에 등장한 폴란드의 국왕 스타니슬라스 레친스키가 1755년 로렌 지방의 코메르시 성에서 연회를 베풀었습니다. 그런데 파티시에가 주방에서 다툼을 일으켜 일을 내팽개치는 바람에 요리하던 파이와 과일 타르트 등을 다 망쳐 버렸지요. 마침 그 자리에 있던 젊은 하인 마들렌 폴미에 Madeleine Paulmier가 달걀 거품기를 이용해 할머니에게 배웠다는 과자를 재빨리 만들어 냈습니다. 그 과자는 사람들의 절찬을 받으며 마들렌이라는 명과가 되었다고 합니다.

COMMERCY ILLUSTRÉ. - Intérieur de la Gare - Les Vendeuses de madeleines à la rencontre d'un tr

코메르시 역에서 마들렌을 파는 모습

19세기 중반에는 마들렌의 명성이 파리 거리로도 퍼져 나갑니다. 뒤마는 『요리 대사전』에서, 그리모는 『미식가 연감』에서 이 과자에 대해 이야기한 바 있습니다. 신문들도 팔레 루아얄에서 마들렌을 파는 장사꾼의 모습을 보도하고 있습니다. 그 무렵 콧대가 높아진 파리는 마치 에펠탑에서 내려다보듯 다른 지방들을 거만하게 얕보고 있었지만, 어느새 로렌 지방에서 철도로 실어 오는 이 과자에 환호성을 질렀던 것이지요. 이 무렵부터 20세기 초에 걸쳐 마들렌 매상이 치솟았습니다.

파리와 스트라스부르 사이에 놓인 철도가 이러한 사실을 말해 줍니다. 도중에 지나치는 코메르시 역 플랫폼에서는 여성들이 돌아다니며 마들렌을 팔았습니다. 위의 그림은 그 모습을 사진에 담은 그림엽서입니다. 지방 전통 의상을 입고 마들렌이 든 커다란 사각 바구니를 목에 걸어 늘어뜨려 양팔로 껴안은 모습입니다. 마치 옛날에 기차역에서 도시락을 팔던 모습과 비슷합니다. 기차가 들어오면 종종걸음을 치며 다가가 목청을 높이고 종을 치면서 손님을 끌었습니다.

마들렌은 코메르시의 가장 주요한 산업으로 부상했고, 점차 품질은 좋아지고 가격은 내려가면서 인기를 끌었습니다. 철도가 생기기 전에는 1년에 2만 개를 생산했지만, 1840년 이후에는 240만 개로 급격히 늘어났고, 이웃 도시도 코메르시를 따라 해서 과자 경기가 요동쳤습니다. 철도로 실어 온 마들렌은 파리의 동쪽 역에 도착했는데, 저녁 식사 후에 마들렌을 먹는 것이 부르주아와 귀족의 습관이 되었습니다. 이리하여 마들렌은 파리의 과자가 되었고, 프랑스를 대표하는 과자로 나아갔습니다.

6장

오늘날 프랑스와 과자

제3 공화국과 페리의 개혁

프로이센―프랑스 전쟁 중에 나폴레옹 3세가 프로이센에 잡혀 폐위
되자, 임시 정부는 거액의 배상금을 지불하고 알자스 및 로렌 지방의
대부분을 넘기는 조건으로 프로이센과 강화를 맺을 수밖에 없었습니
다. 이 강화와 더불어 프로이센 군대가 파리로 들어온 것에 분노한 파
리 시민은 국민군을 무장 해제하려는 국방부에 대항해 자신들의 혁명
적 자치 정권인 파리 코뮌을 조직했습니다.

그러나 파리 코뮌이 단기간에 제압당하자, 제3 공화국 헌법을 제
정해 패전을 극복하고 프랑스를 다시 일으켜 세워 새로운 사회를 건
설하려는 노력이 이루어졌습니다. 제3 공화국은 1870년부터 1940년
까지 퍽 오랫동안 유지되었지요. 당초 왕당파의 저항이 있었지만, 대
자본과 연합한 공화파가 차츰 힘을 키워 지배권을 확립했습니다. 다
만, 의회제에는 몇 번이나 위기가 닥쳐왔습니다.

1880년대 교육부 장관과 두 차례 수상을 지낸 쥘 페리Jules Ferry는
자유를 신장할 것, 학교에서 가톨릭교회의 영향을 배제할 것, 그리고
식민지화를 통해 패전을 딛고 부흥할 것이라는 세 가지 목표를 내걸

민중을 이끄는 자유의 여신

었습니다. 기독교를 국교로 삼아 온 앙시앵레짐의 프랑스에서는 교회와 수도원이 광대한 토지를 소유하고, 종교 대표자가 종종 정치 요직에 앉아 교육계를 좌우했습니다. 프랑스 혁명으로 커다란 변화는 있었지만, 가톨릭교회는 변함없이 교육계에서 커다란 영향력을 쥐고 있었지요. 그래서 페리는 교회로부터 초등 교육을 되찾으려 했습니다. 초등 교육은 의무화, 세속화, 무상화되었고(페리법, 1881~1882년 성립) 공립학교에서는 비성직자가 선생님이 되었습니다. 교사는 학생들에게 공화국의 도덕과 조국애를 심어 줄 사명이 있었습니다. 한편, 프랑스 공화국은 국가의 위대한 상징으로 마리안Marianne 상(프랑스 혁명을 상징하는 자유의 여신상—옮긴이)과 라 마르세예즈La Marseillaise를 갖추었습니다. 1795년에 프랑스 국가로 채택된 라 마르세예즈는 제2 제정기 동안 다른 노래에 자리를 내주었지만, 나폴레옹 3세의 실권과 동시에 부활했습니다.

한편, 쥘 페리는 식민지 침략을 추진한 것으로도 잘 알려져 있습니다. 그는 프랑스어뿐 아니라 프랑스의 관습과 '정수'까지 넓히는 차원에서 프랑스라는 나라를 확대해야 한다고 강조했습니다. 식민지 교육은 자유, 평등, 우애라는 훌륭한 이상을 화려한 깃발로 내걸고 암흑 같은 미개 사회에 문명의 빛을 비추는 것으로 여겨졌습니다. 물론 이런 일은 프랑스를 비롯한 유럽의 식민지주의와 제국주의적 진출에 공통적으로 나타나는 독선적인 입장이었습니다.

돌이켜 보면, 혁명 후에도 자기 나라야말로 제일이라는 프랑스의 국수주의적 분위기와 식민지 확장 정책에는 변함이 없었습니다. 7월 왕정 시기부터 새로운 식민지 건설을 위해 알제리, 세네갈 등 아프리카, 코친차이나(남베트남) 및 캄보디아 등 인도차이나, 그리고 뉴칼레도니아 등 태평양 섬들로 진출해 나갔습니다.

프로이센─프랑스 전쟁에서 패전한 뒤에는 패배로 인한 손실을 회복하기 위해 이미 식민지로 복속한 알제리에 이어 모로코, 튀니지 같은 마그레브 제국을 보호령으로 획득했을 뿐 아니라, 시리아, 레바논, 서아프리카(가봉, 콩고, 차드, 수단), 마다가스카르, 라오스를 침략합니다. 1차 세계대전 후에는 독일의 보호령이었던 토고와 카메룬까지 포함해 프랑스 식민지 제국은 1,100만 제곱킬로미터에 이르렀습니다. 식민지, 보호령, 위임 통치령의 인구는 프랑스 본국의 인구를 웃돌았고, 둘을 합쳐 1억 명이 넘는 대제국이 되었습니다.

그러나 프랑스의 식민지 교육은 로마 가톨릭교회에 크게 의지하고 있었습니다. 포교 활동을 하는 사람이 교육자를 겸해 현지 언어와 프랑스어로 동시에 교육하는 것이 가장 효과적이었기 때문입니다. 공화정의 관점에서 보면, 로마 가톨릭교회는 왕정과 결탁해 낡은 질서를 지키려는 세력이고 프랑스는 페리법을 통해 가톨릭으로부터 초등교육을 되찾은 상황이었습니다. 그렇다면 식민지 교육의 시계 방향이 거꾸로 돌아갔다는 점에서 모순된 결과라 할 것입니다.

가톨릭과 공화파 사이에는 여러 가지 우여곡절이 있었지만, 드디어 공화파적인 사고방식이 완전히 승리했음을 상징하는 사건이 일어납니다. 바로 1905년에 통과된 '정교 분리법'입니다. 교회의 동산과 부동산을 국유화하고 목록을 작성한 뒤에야 사용을 허가했습니다. '사적' 영역으로 쫓겨난 종교는 더 이상 국가의 '공적' 관심사가 아니었습니다.

프랑스에서는 공적 세계로부터 종교를 추방한 것을 '세속화' 또는 '비종교화'라고 부르는데, 최근 프랑스에는 이슬람교도가 늘어나고 있기 때문에 새롭게 문제시되는 일이 많아졌습니다. 1989년 10월, 파리의 북쪽 교외 마을인 크레유의 공립중학교에서 이른바 '스카프 사건'이 일어나 화제가 되었습니다. 스카프(히잡)를 머리에 두르고 등교한 이슬람교도 여중생 세 명이 교장의 설득에도 뜻을 굽히지 않고 스카프 벗는 것을 거부해 교실에 들어가지 못했고, 이를 계기로 국론이 둘로 갈라지는 사태가 벌어졌습니다. 공적 시설에서 종교적인 상징물을 착용하는 것은 종교적 활동에 해당하는가, 아니면 정교 분리법에 위배되는 것인가 하는 논쟁입니다.

또한 제3 공화정 당시 '드레퓌스 사건'이라는 엄청난 사건이 일어나 공화정에 위기를 초래했습니다. 1894년에 유대계 드레퓌스 대위가 독일 스파이 혐의로 종신형에 처해졌는데, 1896년에 진범이 밝혀져 재심을 인정해야 하는가 아닌가 하는 문제로 국민의 의견이 크게 갈렸습니다. 결국에는 민주적인 공화정과 인권을 지키려는 좌익과 공화파가 군부와 우익에 승리를 거두어 공화정은 안정을 되찾았습니다.

두 차례 대전

20세기에 들어와서도 식민지 지배는 변함없이 계속되었고, 프랑스는 아프리카와 아시아를 침략했습니다. 부분적으로는 산업에 사용할 원재료를 얻는다는 경제적인 이유 때문이었습니다. 또한 상품의 판로를 넓히려는 의도도 있었지요. 은행가, 사업가, 언론인, 국회의원, 군인 등이 식민지 지배를 추진하는 중핵이었습니다. 물론 반발도 컸지만, 역시 '야만적인 인종을 문명화할 사명'이라는 주장으로 이를 정당화했습니다. 이는 16세기 이후 변하지 않은 논리입니다.

20세기 초에는 모로코 등 식민지 문제로 독일과 대립해 외교적 사건이 빈발합니다. 프랑스 국내에서는 프로이센─프랑스 전쟁 때 독일에 대한 반발심이 불타올랐고, 복수심과 더불어 잃어버린 동쪽 국토를 탈환하라는 요구가 들끓었습니다. 프랑스는 1차 세계대전(1914~1918)에서 겨우 승리했지만, 150만 명에 달하는 희생자를 냈을 뿐 아니라 경제적, 물질적으로도 막심한 피해를 입고 나라 전체가 피폐해졌습니다.

그러나 일시적으로 '살아남은 기쁨'이 더 강렬해서 경제가 급격히 발전하고 물자를 대량으로 소비하는, 이른바 '광란의 시대'를 맞이합니다. 부유한 시민은 종전이 가져다준 흥분에 휩싸여 무슨 일이든 다 가능하다는 기분에 사로잡혔지요. 실제로 사치를 부릴 수 있는 사람은 극히 일부에 지나지 않았지만요.

그런데 1차 세계대전으로 막대한 희생을 입었음에도 대전 후 유럽 각국은 자국의 이해관계에 발목을 붙잡혀 상호 안전 보장 체제를 제대로 구축하지 못했습니다. 그 결과 히틀러가 지휘하는 나치 독일이 대두하고 말았고, 곧이어 2차 세계대전이 발발했지요. 프랑스는 나치 독일에 점령당하는 등 또다시 엄청난 피해를 입었습니다.

　　1940년 6월에 독일이 파리를 점령하자, 그와 동시에 제3 공화국은 무너지고 괴뢰 정권인 비시 정부˙가 성립했습니다. 하지만 항복을 거부한 샤를 드골˙˙ 등이 런던에 망명 정부인 자유 프랑스를 수립해 북아프리카 등에서 대독 항전을 벌였습니다. 또한 드골 장군의 호소에 힘입어 프랑스 국내에서도 레지스탕스 운동이 일어납니다. 점령하에서는 국민 생활이 궁핍해지고 대독 협력 정책을 강요받아 유대인 박해가 일어납니다. 1944년 노르망디 상륙 작전으로 연합군이 프랑스에 상륙해 8월 25일에 파리가 해방되자, 알제리에 세웠던 프랑스 공화국 임시 정부가 파리로 복귀했습니다.

　　종전 후 세계의 주도권은 확실히 유럽이 아니라 미국으로 옮겨 갔습니다. 한편, 소비에트 연방이 성립해 문명의 미래에 대한 사람들의 생각이 바뀌어 갑니다. 공산주의로 치닫는 프랑스 지식인 또는 노동

˙　　2차 세계대전 중 나치 독일에게 점령당한 남프랑스를 1940년부터 1944년까지 통치했다. 1차 세계대전 때의 영웅 페탱(Henri Pétain)을 원수로 삼아 친독 정권을 수립했고, 프랑스 국내의 반독일 레지스탕스 운동을 누그러뜨리려고 했다.

˙˙　　Charles De Gaulle, 1890~1970. 군인이자 정치가로, 드골 체제를 완성한 후 '위대한 프랑스'를 중심으로 유럽 민족주의를 부흥하기 위해 주체적인 활동을 전개했다. 해방 이후에는 나치 부역자들을 대대적으로 숙청했다.

자도 많이 나타났습니다. 전쟁이 끝나고 해방의 기쁨은 폭발적이었지만, 곧 전쟁 책임과 속죄의 문제가 고통스럽고 극단적인 방식으로 사람들 마음속을 무겁게 파고들었습니다. 독일에 협력했던 사람들이 거리에 끌려 나와 폭력을 당하거나 학살당하는 사건이 빈번하게 일어났던 것입니다.

전쟁터의 웨딩 케이크

과자는 소소한 음식이지만, 여분의 것, 사치스러운 것이기도 합니다. 그래서 전시체제 같은 통제경제 시대에는 과자를 맛보기 힘듭니다.

1, 2차 세계대전 당시에는 직업과 무관하게 청년들을 징발했기 때문에 파티시에 수가 줄었습니다. 나아가 전선의 병사들이 먹을 보존식품으로 딱딱한 빵(건빵)이나 카세인(우유에 포함된 고영양 단백질)을 넣은 비스킷을 만드는 한편, 과자점에서는 평상시에 과자 만드는 것을 금지하기도 했습니다. 건빵이나 비스킷은 어린 학생이나 포로에게 배급하기도 했습니다.

전선의 병사들은 참호에서 생활하면서 빵과 고기, 건조채소와 쌀, 그리고 설탕을 배급받았습니다. 전선의 뒷전으로 물러나 휴식할 기회가 있을 때면 병사들은 시골 식료품점에서 초콜릿이나 과자, 리큐어를 구입했습니다.

그러면 전시 중에는 결혼식을 어떻게 치렀을까요? 배급제로 인해 식자재는 극히 제한되었고, 웨딩 케이크 같은 사치도 부릴 수 없었지요. 그래서 부족한 재료로도 화려하고 예쁘게 보일 수 있도록 요령을 부렸습니다. 케이크 밑에 딱 맞게 받칠 상자를 만들고 거기에 흰 석고를 발랐던 것입니다. 석고로 마무리하면 케이크에 아이싱(표면에 설탕을 바르는 것)을 한 것처럼 보이기 때문에 전체적으로 커다랗고 풍성하게 장식한 케이크로 보였습니다.

케이크가 더욱 풍성하고 위용 있게 보이도록 케이크의 '층'을 늘리기 위한 아이디어도 나왔습니다. 현재 일본에서는 프랑스에서 전시 중에 고안된 케이크 만드는 요령을 잘 살리고 있습니다.

전후의 프랑스

전후 한때 대통령을 역임한 드골이 사임하고 나서, 1946년 10월 국민 투표로 승인받은 헌법에 기초해 제4 공화국이 출범합니다. 이 헌법의 중심에는 보통선거를 통해 임기가 5년인 의원들을 선출해 구성한 국민 회의가 있었지요. 또한 이 헌법에 의거해 창설한 '프랑스 연합'을 통해 식민지에도 프랑스 국내와 동등한 권리를 부여하는 방향으로 식민지와 본국의 관계를 재편하고자 했습니다.

그러나 이와 같은 노력으로도 정치적인 안정을 이루지 못하자, 제

4 공화정은 제도를 뜯어고쳐야 할 필요성을 통감했습니다. 드골을 중심으로 현재까지 이어지는 제5 공화정의 헌법 초안을 작성해 1958년 9월 28일에 국민 투표로 승인했습니다. 이 헌법은 대통령에게 강력한 권한을 부여하는 한편, 수상에게는 국민 의회에 대한 책임과 대통령의 정책 결정을 보좌하고 정부 활동을 지휘하는 역할을 맡겼습니다. 따라서 대통령과 의견을 달리하는 정치 세력이나 당파의 소속 의원이 국민 의회의 다수를 차지하면, 대통령은 자신과 입장이 다른 수상을 지명할 수밖에 없다는 코아비타시옹cohabitation 문제가 재차 발생했습니다.

인도차이나 전쟁과 알제리 전쟁 등을 거쳐 식민지가 속속 독립하는 동시에 프랑스로 건너오는 아프리카와 아랍계 이민자가 매우 증가했습니다. 프랑스에는 유럽에서도 최대 규모인 무슬림 집단(이슬람교도)이 거주하는데, 그들 대부분이 식민지 출신입니다. 그때까지만 해도 프랑스는 식민지 지배에 그다지 부채감을 느끼지 않았습니다. 또한, 식민지 출신 이민자들 스스로도 '동화'와 '통합'을 통해 자신의 정체성을 '프랑스인'이라고 규정하는 경우가 많았습니다.

그러나 근년에 들어 경제 불황이 이민자들을 덮치면서, 실업과 인종 차별 문제가 심각해졌습니다. 특히 대도시 교외에서는 무슬림 주민과 프랑스인이 대립하거나 서로 증오하는 등 사회적인 동요가 심각합니다. 프랑스는 지금까지처럼 관용적인 이민 정책을 계속 펼칠지 말지를 재고해야 할 막다른 곳에 몰린 듯합니다.

고도 산업사회, 고도 자본주의라는 환경도 프랑스의 기존 가치관을 조금씩 바꿔 놓고 있습니다. '프랑스의 정수'라는 관념에 의거해 스스로를 보편이라고 내세우는 문화만 고수해서는 세계에서 살아남을 수 없게 되었습니다. 대중 사회, 세계화에 대처해야 할 국면에 들어선 것입니다.

두 차례 대전으로 어마어마한 피해를 입은 프랑스는 독일과 두 번 다시 전쟁을 일으키지 않겠다는 결의를 다졌습니다. 미국이나 아시아가 대두하는 가운데 프랑스는 자국의 존재감을 세상에 널리 알리기 위해 독일과 이인삼각으로 유럽 통합을 위한 노력을 기울이고 있습니다.

1951년에는 유럽 석탄 철강 공동체ECSC, 나아가 1958년에는 유럽 원자력 공동체EURATOM와 유럽 경제 공동체EEC가 발족했지요. 1967년에는 이들 세 공동체를 한데 모은 유럽 공동체EC가 탄생했는데, 갈수록 가맹국이 증가하고 있습니다. 또한 1992년에는 경제 분야는 물론 정치 분야에서도 유럽을 통합하고자 마스트리히트 조약*을 조인하고 이듬해 발효함으로써 유럽 공동체는 유럽 연합EU으로 새롭게 출발했습니다.

프랑스는 국유 기업의 민영화와 재정 적자 삭감을 요구받는 등 독

◆   1991년 12월 11일 네덜란드의 마스트리히트에서 열린 유럽공동체 정상 회담에서 12개국이 유럽의 정치와 경제 통합에 관해 타결 합의하고, 1992년 2월에 조인해 1993년 11월에 정식으로 발효했다. 정식 명칭은 유럽 연합 조약이다.

자적인 경제 재정 제도나 정책 방침을 고집할 수 없게 되었고, 유럽 연합 전체의 조화와 통일 제도를 우선시하지 않으면 안 되는 처지에 놓였습니다. 이렇듯 다양한 문제를 내포한 가운데 전진해 온 유럽 통합은 이미 돌이킬 수 없는 과정입니다. 아마도 문화 입국 프랑스가 살아남는 길도 거기에 있겠지요.

기술 혁신과 과자

마지막으로 현대 프랑스 과자에 대해 생각해 봅시다.

20세기 중반을 지나 수송 수단 및 냉동 설비가 발달하면서 식자재를 멀리까지 신선하게 실어 나를 수 있게 되자, 그때까지 사용할 수 없었던 재료도 사용하기에 이르렀습니다. 또한 기계 기술이 진보해 대량 생산이 가능해지고 완전히 기계에 의존하지는 않는다 해도 반죽을 비롯해 대부분의 공정을 기계화하는 것이 가능해졌습니다.

나아가 굽고 데우고 식히고 보관할 때에도 온도, 시간, 분량을 엄밀하게 관리할 수 있는 최신 오븐이나 냉장고의 탄생은 과자를 만드는 파티시에에게는 복음이나 마찬가지였습니다. 또 반죽을 만들거나 미는 것도 기계화되면서 작업이 무척 편해졌습니다. 셀로판이나 알루미늄호일, 플라스틱 용기가 등장하면서 과자 모양을 더욱 위생적으로 보기 좋게 꾸밀 수 있게 되었습니다.

뒤에서 설명하겠지만, 무스 케이크가 큰 인기를 끌거나 과자에 다양하고 신선한 과일을 사용하게 된 것은 이러한 기술로 실현된 것입니다. 유명 파티시에의 작품(또는 그것에 비근한 것)을 누구나 먹을 수 있는 기회가 훨씬 늘어났습니다.

최근에는 크림의 기호에 변화가 일어났습니다. 이제까지 프랑스에서는 버터크림이 인기를 누렸지만, 이제는 생크림 전성시대입니다. 여기에 다른 크림도 보태져 맛과 모양의 변주가 풍부해졌습니다. 나아가 건강 붐이 거세게 일어나면서 당분이 건강에 좋지 않다는 인식 때문에 지나치게 달지 않은 과자(실로 형용모순이지만)가 호평을 받고 있습니다. 따라서 설탕을 아예 넣지 않는다고는 못 해도 설탕을 적게 쓰면 고마워하는 신기한 시대가 되었습니다. 칼로리도 지나치게 높으면 몸에 좋지 않다고 해서 지방분이 적은 것을 선호합니다. 버터를 듬뿍 넣은 과자는 몰상식하다는 평가를 얻는 탓에 고전적인 과자 중 몇몇은 인기가 식기도 했습니다.

무스의 감촉

오늘날은 또다시 벨 에포크 시대, 다시 말해 '여성적인 시대'가 된 것 같습니다. 입에 넣을 때 감촉이 좋고 반들반들하며 상큼해서 위에 부담을 주지 않는 음식이 대단히 환영받고 있기 때문입니다. 특히 무스는 과자를 '굳히기' 위해 필요한 처리 방식인데, 가열 대신 냉각했기 때문에 입에 넣으면 곧 부드러워집니다. 무스는 입에 닿는 촉감이 부드럽고 상쾌하기를 바라는 현대인의 기호와 맞아떨어져서 일대 붐을 일으키고 있습니다. 게다가 무스에 이국적인 향을 더하면 더욱 사랑받는 듯합니다. 이로써 요리 세계의 누벨 퀴진nouvelle cuisine*에 상응하는 누벨 파티세리의 시대가 찾아왔는지도 모릅니다.

요시다 기쿠지로** 씨에 따르면, 1981년 미테랑 대통령의 사회주의 정권 탄생이 무스의 시대를 초래했다고 합니다. 미테랑 정권이 노동 시간 단축 정책을 시행하자, 과자 업계는 거기에 대응하는 조치로 급속 냉동고를 도입했습니다. 생과자를 한꺼번에 만들어 급속 냉동고에 보존하기 시작했지요. 과일은 냉동에 적합하지 않지만, 퓌레 상태로 만들어 크림과 섞으면 냉동이 가능합니다. 이리하여 무스의 시대가 찾아왔다는 것입니다.

이렇게 이제는 무스류 바바루아, 크림 캐러멜, 블랑망제(191쪽), 젤리, 수플레souffle(거품 낸 달걀흰자에 다른 재료를 섞어 부풀게 구운 과자—옮긴이) 등이 인기를 모으고 있습니다. 이를테면 프랑스 코스 요리를 먹은 뒤에는 크렘 글라세나 소르베를 제외하고는 지금 거론한 디저트를 선택하는 사람이 많지 않을까요? 타르트 종류는 조금 부담스럽다는 반

◆　1970년대 초 프랑스 음식 비평가인 크리스티앙 미요(Christian Millau)와 앙리 골(Henri Gault)이 새롭게 만든 단어로, 프랑스 고전 요리에 대한 반발로 새롭게 등장한 가볍고 신선한 요리법을 가리킨다.
◆◆　일본의 양과자 명인으로, 메이지 대학을 졸업하고 프랑스, 스위스 등지에서 제과 수업을 받았다. 제과 식품 업계에서 여러 요직을 겸하고 있으며, 집필 및 강연 활동도 활발히 병행하고 있다.

응이 많은 듯합니다만, 비슷한 흐름에서 기포가 자잘하게 들어간 비스퀴 반죽도 다시 눈길을 모은다고 합니다.

오늘날에는 과자의 조직이나 결이 맛을 좌우한다는 생각이 점점 강해지고 있습니다. 요구르트나 아이스크림은 말할 것도 없지만, 기술이 발달하면서 과자가 일반적으로 점점 더 폭신하고 끈적끈적한 느낌, 매끄러운 느낌 등을 내며 결이 한층 섬세해지는 일이 가능해졌습니다.

반면, 제품 표준화가 이루어지면서 갈수록 어떤 과자나 만드는 방법이 비슷해지는 경향도 있습니다. 그래서 장식이 더욱 중요해지고 맛보다는 모양과 장식을 더 중시하는 상황이 연출되고 있습니다. 좀 요상한 일입니다. 물론 프랑스 과자는 본래부터 '장식'을 중요한 요소로 삼은 것이 분명하지만, 색깔과 모양, 결에만 신경을 쓰면서 정작 맛을 소홀히 여기는 것은 아닐까요?

다른 한편, '고전적'인 것을 재평가하고 보존하자는 움직임도 나오고 있습니다. 1990년대부터 팽데피스와 마들렌, 몇몇 타르트 종류와 슈크림, 에클레어 등이 새삼 주목받고 있습니다. 또한 최근에는 마카롱이 대인기를 끌고 있습니다. '피낭시에'financier* 같은 프티푸르도 백화점과 과자점마다 넘쳐납니다. 무척 바람직한 경향입니다.

◆   버터와 달걀흰자, 아몬드 가루를 써서 금괴 모양 틀에 구워 낸 과자. 금융가라는 뜻의 이 과자는 파리 증권가의 제과점에서 바쁜 사람들이 손에 묻히지 않고 빨리 먹을 수 있게 개발했다.

에스코피에와 르노트르

고전적 과자를 완성한 앙투안 카렘 같은 과자 장인과 현대적 파티시에를 연결해 주는 존재가 근대 프랑스 요리의 아버지라 불리는 오귀스트 에스코피에입니다. 그는 원래 조각가가 되려고 했다는데, 13세에 고향에서 가까운 니스에서 요리사 견습공으로 일하다 18세에 파리로 상경해 인기 있는 레스토랑에서 일하기 시작합니다. 지금은 호텔 왕으로 저명한 세자르 리츠*와 우여곡절 끝에 만나 둘이서 호텔 일을 시작합니다. 그들은 엘리트의 화려한 사교장인 호텔과 레스토랑을 유럽 각국의 대도시에 개업했습니다.

카렘의 고전 요리와 과자를 더욱 단순화하고 합리화하는 동시에 체계를 세움으로써 에스코피에는 과자 만드는 작업을 분업화하고 단시간에 효율적으로 조리하는 기술을 개척했습니다. 그가 런던 사보이 호텔의 주방장이었던 1893년과 1896년에 그곳에 머무른 오페라 가수 넬리 멜바Nellie Melba(오페라 황금시대를 장식한 오스트리아의 대표 소프라노—옮긴이)에게 헌정한 '페슈 멜바'pêche Melba가 유명합니다. 넬리 멜바는 「로엔그린」이라는 신화적이고 엄숙한 오페라에 출연했는데, 에

◆　Cesar Ritz, 1850~1918. 스위스 시골에서 가난한 양치기 아들로 태어났다. 파리의 이름 없는 호텔 종업원으로 시작해 27세에 당시 스위스에서 가장 규모가 크고 호화로운 리조트 호텔의 지배인이 되었다. 리츠는 오귀스트 에스코피에와 만나면서 호텔 사업가로 성공하게 된다. 이후 평생 동안 에스코피에와 함께 호텔업에 전념했다.

◆◆　Gaston Lenôtre, 1920~2009. 북부 노르망디 지방에서 태어나 호텔 주방장인 아버지와 요리사 어머니 밑에서 요리를 배웠다. 케이터링 서비스를 창안했고, 프랑스 최초의 요리 학교 '에콜 르노트르'를 세웠다.

스코피에는 멜바를 위해 백조가 등장하는 장면을 본뜬 복숭아 과자를 만들었던 것입니다. 바닐라 아이스크림 위에 복숭아를 얹은 다음 그것을 올록볼록하게 조각한 은 대접에 담고, 양쪽에 얼음으로 멋지게 조각한 백조 날개를 얹었는데, 그 위를 실 같은 사탕이 뒤덮고 있었습니다.

오귀스트 에스코피에

이 과자는 순식간에 유명한 디저트가 되어 퍼져 나갔습니다.

또한 현대 프랑스 과자에 가장 공헌한 파티시에로 알려진 가스통 르노트르**가 있습니다. 최근 안타깝게도 88세로 세상을 떠났습니다. 르노트르의 양친은 요리사였는데, 어머니가 만들어 준 맛있는 과자 때문에 파티시에가 될 것을 꿈꾸었다고 합니다. 처음에는 노르망디의 도빌이라는 마을 가까이에 가게를 열어 대성공을 거둔 다음 1957년에 파리로 진출했습니다. 그의 가게는 고급 주택가인 16구 오퇴유 거리에서 대단한 인기를 얻어 곧장 점포를 확대했

LENÔTRE

PARIS

고, 1971년에는 과자 학교를 설립했습니다. 전 세계에서 파티시에를 꿈꾸는 병아리들이 그의 기술을 배우러 이 학교를 찾아왔습니다. 1975년부터는 세계 진출도 꾀하여 1979년에 독일과 도쿄에 지점을 열었습니다.

르노트르는 카렘과 어깨를 나란히 할 만큼 중요한 인물입니다. 더욱 상큼하고 지나치게 달지 않은 현대적인 과자가 유행하도록 기초를 닦은 사람입니다. 신선한 과일을 듬뿍 사용한 과자도 그를 통해 널리 퍼지고 친숙해졌습니다. 무거운 버터크림을 가볍게 만들기 위해 이탈리안 머랭을 넣는 기법도 그가 발명했다고 하는군요. 기계를 이용해 고급스러운 과자를 양산하고 보급했다는 점만 보더라도 남다른 공적을 남긴 것 같습니다.

프랑스의 미래와 과자

이제까지 나름대로 프랑스의 역사를 더듬기 위해 '프랑스의 정수'라는 키워드를 출발점으로 삼아 그것을 상징하는 프랑스 과자에 대해 살펴보았습니다. 이미 지적한 바와 같이 정수란 국토를 떠나서는 있을 수 없습니다. 고대로부터 프랑스 국토에 깃든 정수는 중세와 근대에 걸쳐 왕과 왕비, 귀족, 농민, 도시민, 수도사와 성직자 등 모든 신분을 이끌었고, 가톨릭교회, 궁정, 귀족의 성, 부르주아의 가정 등을 무대로 삼아, 나아가 외국이나 식민지의 응원을 발판 삼아 세련미를 더하며 다양한 프랑스 과자를 만들어 갔습니다. 그러는 사이 정수가 발휘하는 흡인력을 통해 과자를 만드는 모든 재료와 기술과 아이디어는 프랑스, 그중에서도 파리로 모여들었습니다.

그렇다면 오늘날에는 프랑스의 정수가 어디에 깃들어 있을까요? 굳이 파리에 가지 않아도 일본을 비롯한 세계 각지에서 프랑스 과자를 만들고 많은 이들이 즐겨 먹습니다. 물론 아직도 과자는 어디까지나 프랑스를 모델로 삼는가 하면, 최고의 파티시에는 늘 프랑스인이며 과자 수업을 받으려면 프랑스로 가야 한다는 생각들은 여전합니다. 하지만 '프랑스의 정수'는 이미 프랑스 국토를 떠나 세계로 퍼져나간 것 같습니다.

이러한 현상은 프랑스 '역사'의 앞날이 변하고 있다는 것을 보여주는 듯합니다. 프랑스어를 지키기 위해 공적인 곳에서는 절대로 외국어를 쓰지 못하게 했던 프랑스였습니다. 과연 세계화 시대에 프랑스는 그와 같은 고고한 긍지를 언제까지 지킬 수 있을까요? 나아가 프랑스의 문화 전략은 어떻게 될까요? 다만 프랑스의 패션은 전 세계의 오트쿠튀르haute-couture*를 아직 지배하고 있고, 프랑스인은 20세기부터 오늘날까지 세계적인 건축 양식인 아르 데코art déco**를 주도하고 있습니다. 그러고 보면 프랑스 과자도 요리와 마찬가지로 우월한 지위를 잃지 않고 당분간 자리를 보전할 것 같습니다.

프랑스가 줄곧 농업국이었다는 측면도 과자를 비롯한 프랑스 음식 문화를 확실히 떠받치고 있습니다. 2차 세계대전 후 경제 성장으로 경제 구조가 변모해 농업 인구가 대폭 감소하면서 프랑스는 공업국 대열에 합류했습니다. 그런데도 농업 생산은 오늘날까지 활발합니다. 프랑스는 유럽 연합 내 최대 농업국이라는 지위를 지키고 있는가

◆   고급 의상점이라는 뜻으로, 파리 고급의상점조합이 규정하는 규모와 조건을 갖춘 의상점을 밀한다. 현재는 프랑스의 전통적인 장인 정신을 계승하는 패션쇼를 가리킨다.
◆◆   1920~1930년대 전반에 걸쳐 프랑스를 중심으로 유럽에서 유행한 디자인 사조로, 기계 문명을 긍정하고 기하학적 형태와 기능미를 강조했다. 1925년 파리에서 열린 현대 장식미술–산업미술 국제전이 계기가 되어서 '1925년대 양식'이라고도 한다.

하면, 농작물 가공품 수출은 미국에 이어 세계 2위입니다. 일찍이 지리학자 블라슈Paul Vidal de la Blache가 한 말, 즉 "프랑스인은 프랑스로부터 대지의 풍요로운 은혜와 거기에서 생활하는 기쁨을 본다."는 여전히 유효하겠지요.

프랑스는 혁명 전에도, 또 혁명 후에도 타국을 문화적으로 감화하는 일이 무엇보다 중요하고, 자국의 매력을 알리는 것이 국제적인 영향력 유지에 필수적이라고 생각해 왔습니다. 그리고 프랑스 문화는 보편적으로 통용되는 것인 동시에 프랑스 고유의 것이기도 하다는 양면성을 소중하게 여겨 왔습니다. 이러한 생각이 이제부터 어떻게 실현될지 프랑스 과자의 앞날과 함께 불안과 기대를 품고 지켜보고 싶습니다.

오늘날에는 프랑스도 미국 스타일을 수용하기 시작해 음식이나 먹고 일하고 물건을 사는 방식이 크게 변하고 있는 듯합니다. 영어로 말하는 프랑스인도 상당히 늘었습니다. 대통령이 미국인처럼 조깅까지 하는 나라가 되었고요. 하지만 나는 소망하건대, 프랑스의 대통령이라면 부디 '플라뇌르'가 되어 우아하게 파리 시내를 산책해 주면 좋겠습니다.

Savarin, Charlotte, Baba,
Chocolate bonbon, Tarte & Cafe au ~

저자의 말

요리 전체라면 몰라도 '과자'만 가지고 프랑스 역사를 더듬는다는 것
이 과연 가능한 일일까요? 처음에는 다소 미심쩍었으나, 책을 조사하
고 집필하는 과정에서 과자의 역사에는 프랑스 역사의 알맹이가 듬뿍
들어 있다는 확신을 품기에 이르렀습니다. 과자에는 각 시대 프랑스
인의 영혼이 비치는 듯합니다. 전작 『파스타로 맛보는 후룩후룩 이탈
리아 역사』 후기를 통해 이제 음식 문화사에서 졸업하겠다고 선언했
지만, "과자 들어갈 배는 따로 있다"는 말을 구실로 자기가 내뱉은 말
을 지키지 못한 점, 부디 용서하기 바랍니다.

　나는 태어날 때부터 단것을 좋아했습니다. 가족이나 친구와 레스토
랑에서 식사할 때, 또는 미팅에 나갔을 때 지식을 뽐내며 와인 이야기
를 들려주거나 "마시고 죽자"면서 분위기를 달구는 일을 참을 수 없었
지요. 술 이야기는 하나도 통하지 않는 나 같은 사람은 술꾼들이 보기
에 '분위기 망치는 인간'일 것입니다. 그러나 와인을 갖고서는 프랑스
역사를 다 이야기할 수 없습니다. 역시 과자가 답이라고 생각합니다.

269

책을 집필하기로 마음먹은 다음에는 우선 최근의 추세를 파악해 두자는 뜻에서 아내의 친구가 조직한 '과자 순례 부대'에 끼워 달라고 했습니다. 그리고 주로 도쿄와 고베의 유명 프랑스 과자점을 돌아다니며 과자를 맛보았지요. 그때 축적한 천국의 기분이 빡빡한 집필 일정의 노고를 달래 주었답니다.

물론 먹는 것만으로 책을 쓸 수는 없지요. 관련 사료와 연구서도 힘이 닿는 한 들여다보았습니다. 주로 프랑스어 문헌이지만, 이 분야에서 크게 참고한 일본어 저작도 있으므로 뒤에 적어 둡니다.

사실 오늘날 프랑스에서는 파리에서조차 세련되고 맛있는 과자를 좀처럼 만날 수 없습니다. 카페에 나와 있는 것은 과일 타르트나 쇼콜라 타르트와 브리오슈뿐, 거리 모퉁이의 평범한 케이크 가게에도 커다랗고 달기만 한 케이크와 과자 빵만 놓아둘 뿐이라 좀 당황스럽습니다.(뭐 그것도 나름대로 익숙해지면 맛있다고 여겨지기도 할 테지만요.) 프랑스 문화의 정수라고 할 만한 섬세하고 아름다운 과자는 멋진 거리의 유명한 케이크점이나 살롱 드 테salong de thé(찻집)에서만 맛볼 수 있습니다.

일본만큼 맛있는 과자를 손쉽게 맛볼 수 있는 나라가 또 있을까요? 도쿄나 고베는 말할 것도 없고 어느 정도 규모 있는 도시라면 어디에나 수준 높은 케이크 가게가 있습니다. 그뿐인가요? 백화점 지하 매장은 그야말로 단것의 천국입니다. 세계 어디에서도 이런 나라를 쉽게 찾아볼 수 없지요. 오늘날 프랑스의 정수는 일본에 깃들어 있는 것이 아닐까 싶기도 합니다.

이 책을 편집하는 데에는 『파스타로 맛보는 후룩후룩 이탈리아 역사』 때와 마찬가지로 이와나미 편집부의 아사쿠라 레이코 씨에게 크게 신세를 졌습니다. 적절한 내용과 표현을 갖추기 위해 많은 부분 고치고 삭제할 것을 제안해 주셨습니다. 책은 저자 한 사람의 작품이 아니구나 하는 점을 새삼 통감했습니다. 진심으로 감사드립니다.

독자 여러분이 사랑스러운 그림을 보며 달콤한 생각에 젖으면서 프랑스 역사의 개요와 프랑스의 정수에 대해 배워 준다면 저자로서 더할 나위 없이 기쁠 것입니다.

이케가미 슌이치

大森由紀子.『(新版)私のフランス地方菓子』. 柴田書店, 2010.

大森由紀子.『フランス菓子図鑑—お菓子の名前と由來』. 世界文化社, 2013.

河田勝彦.『古くて新しいフランス菓子』. NHK出版, 2010.

北山晴一.『美食の社会史』. 朝日選書, 1991.

猫井登.『お菓子の由來物語』. 幻冬社ルネサンス, 2008.

吉田菊次郎.『西洋菓子 世界のあゆみ』. 朝文社, 2013.

Benjamin, Walter. 今村仁司・三島憲一 訳.『パサージュ論 第3巻』(岩波現代文庫). 岩波書店, 2003.

Flaubert, Gustave. 伊吹武彦 訳.『ボヴァリー夫人 上』(岩波文庫). 岩波書店, 1960.

Humble, Nicola. 堤理華 訳.『ケーキの歴史物語』. 原書房, 2012

Pitte, Jean-Robert. 千石玲子 訳.『美食のフランス—歴史と風土』. 白水社, 1996.

Proust, Marcel. 井上宄一郎 訳.『失われた時を求めて 第2篇—花咲く乙女たちのかげに 1』(ちくま文庫). 筑摩書房, 1992.

Rowley, Anthony. 富樫瓔子 訳. 池上俊一 監修.『美食の歴史』. 創元社, 1996.

Toussaint Samat, Maguelonne. 吉田春美 訳.『お菓子の歴史』. 河出書房新社, 2005.

달콤한 과자 한 점과 세계를 함께 맛본다는 것

박찬일

이탈리아에서 있었던 일이다. 관공서에 가서 빨리 처리해야 할 일이 있었다. 그런데 언어도 문화도 서툴러서 접근이 어려웠다. 게다가 이탈리아 공무원들은 아주 느릿느릿하다. 그러자 주변에서 이렇게 충고했다. "시내에 있는 가장 오래된 과자점을 먼저 들르게." 일이 해결된 것은 물론이다.

유럽에서 과자는 당과 전분의 조합을 넘어서는, 어떤 '반짝이는 존재'다. 이 책에서는 프랑스 역사와 과자가 연결되어 있는데, 이는 당대에 우리가 먹는 거의 대부분의 달콤한 과자(빵은 물론이고 얼음과자까지)가 프랑스에서 집대성되고 발전했기 때문이다. 그리스 로마 신화로부터 로마 시대, 그리고 프랑스가 절대왕정으로 부강을 이루고 다시 근현대사의 여러 질곡을 겪어 내는 과정을 과자와 연결하는 저자의 시각은 매우 독특하고도 신선하다. 역사는 영어로 history이고 불어로는 l'histoire라고 한다. 이는 이야기를 뜻하는 story와 같은 뿌리에서 나왔다. 저자가 들려주는 과자 이야기는 곧 프랑스의 역사와 다름없다. 일찍이 과자와 역사 간에 이토록 완벽한 맞물림은 없었던 것 같다.

"빵이 없으면 브리오슈를 먹으면 될 일 아니오?"

오스트리아 출신인 마리아 테레지아의 딸이자, 프랑스 절대왕정의 상징인 루이 16세의 왕비 마리 앙투아네트가 했다는 말이다. 이 발언은 민중의 분노를 불러일으킨 거대한 설화舌禍로 회자되는데, 실제로 앙투아네트가 이 말을 했는지 안 했는지는 중요하지 않다. 프랑스 혁명은 역사적 동력을 얻은 상태였고, 민중은 빵은 물론 정의와 권력의 분배를 원하고 있었던 것이다. 이 발언은 사실 여부를 떠나 프랑스 혁명의 정당성을 옹호하는 중요한 상징처럼 여겨졌다. 당시 빵은 이미 계급적 성격을 띠고 있었다. 흰 빵은 권력을 의미했고, 검은 빵은 민중의 몫이었다. 중세에 비해 노동 생산력이 성장했지만, 여전히 충분한 빵은 공급되지 않았다. 기름지고 향기로운 버터와 많은 계란, 때로 귀한 설탕까지 들어가는 브리오슈는 '황금의 빵'이라는 별명답게 민중이 접근할 수 없는 존재였다. 이 황금색 빵은 거칠고 맛없는 검은 빵과 완벽한 대비를 이루었고, 지금도 그렇지만 이런 단순한 대비는 너무도 선명한 정치적 선동을 유발하고도 남았다. 혁명은 완수되었고, 그 시기 혁명의 노래는 지금도 올림픽이나 월드컵에서 프랑스 대표 팀이 등장할 때 들을 수 있는 국가가 되었다. 위대한 프랑스 축구 선수 티에리 앙리의 현란의 질주와 슛에는 그러므로 프랑스식 빵과 단것의 방정식이 숨어 있는 것이다. 단것? 그렇다. 그가 식민지 출신의 혈통을 이어받아 프랑스의 영예를 드높이게 된 데에는 단것에 대한 프랑스의 거대한 욕망이 촉발제가 되었다.

인간은 본능적으로 감칠맛과 단맛에 반응한다. 인간의 역사는 이 두 가지 맛에 대한 욕망의 역사라고 해도 과언이 아니다. 한민족이 오래전부터 '이밥(쌀밥)에 고깃국을 먹기 위한 투쟁'을 벌인 것과 같은 맥락이다. 쌀밥은 곧 당糖이고, 고기는 곧 감칠맛이다. 이 두 가지 맛은 배를 부르게 하면서 동시에 쾌락을 준다. 저자가 탐구하는 것은 이 당과 관련된 역사적 현장이다. 우선 벌꿀이라는 고농도의 당이 인류에게 처음으로 쾌락을 선사했다. 그리고 이내 중세에 더 손쉽게 고급 당을 얻을 수 있는 설탕의 역사로 이어진다. 사탕수수로 만드는 설탕은 그 식물의 특성 때문에 적도 부근에서 생산하기 좋았고, 이는 아프리카 노예 획득의 끔찍한 역사로 이어진다. 프랑스가 설탕 제조의 주도권을 놓고 네덜란드, 영국 등과 싸우면서 카리브 해에 식민지를 건설하는 과정은 왜 새하얀 설탕을 '검은 설탕' 또는 '피의 설탕'이라고 불렀는지 알 수 있는 대목이다. 후추의 권력이 설탕으로 넘어가면서 전 세계에는 다시 식민의 광풍이 불기 시작했다. 저자가 들려주는 이런 이야기 안에는 기요틴의 피비린내와 버터의 향기로운 냄새가 공존한다. 이런 불편한 사실을 파헤쳐 가면 단것의 욕망에서 시작되는 권력의 사치가 어떻게 세계의 역사적 지형을 바꾸어 놓았는지 일목요연하게 그려진다. 그것이 이 책의 가장 큰 미덕이기도 하다.

인간은 소금과 물 없이 살 수 없다. 이 필수 요소들은 권력 생성과 함께 독점과 전매의 길을 걸었다. 담배같이 중독을 일으키는 물질도 중독자에게는 필수적인 물품이므로 국가에서 이도 전매했다.(한국의 애연가들도 '전매청'이라는 국가기관에서 만든 제품을 오랫동안 피워 왔다.) 그런데 이런 물질과 달리 설탕은 기본적인 삶을 넘어서는 '더 나은 삶'의 쾌락에 복무한다. 저자는 정치 경제사 속의 빵과 과자가 순전히 쾌락적 가치를 갖게 되는 '문화사'로 이행해 가는 역사를 짚어 나간다. 이로써 우리는 아마도 훌륭한 텍스트이자 능란한 이야기책 한 권을 갖게 된다. 제과점에서 파이 한 조각과 크루아상 한 쪽을 집어들 때나 현란한 색깔에 현혹되어 달콤한 마카롱을 입에 넣는 순간 다른 의미를 발견한다면, 그것은 순전히 이 책 덕분일 것 같다.

박찬일

글 쓰는 요리사. 이탈리아에서 요리와 와인을 공부했다. 현재 '몽로'의 주방장이며 신문에 음식 칼럼을 연재 중이다. 저서로 『뜨거운 한입』, 『백년식당』, 『보통날의 파스타』, 『지중해 태양의 요리사』, 『추억의 절반은 맛이다』, 등이 있다.

프랑스 연대표

로마 지배 이전	기원전 9세기 경	도나우 강 유역에서 켈트족이 갈리아 땅에 들어옴
로마 지배 하의 갈리아	기원전 58~51	카이사르가 갈리아를 정복함
	4세기	프랑크족이 갈리아 땅에 들어옴
	476	서로마 제국 멸망
메로빙거 왕조	481	클로비스가 프랑크 왕국 초대 왕위에 오름
	초기 중세	**기독교 관련 문헌에 에울로기아와 우블리 등장**
카롤링거 왕조	751	피핀 단신왕이 카롤링거 왕조를 창시
	800	샤를마뉴가 교황 레오 3세에게 서로마 제국의 제관을 받음
	910	클뤼니 수도원 설립
카페 왕조	987	위그 카페가 왕으로 뽑힘
	1096	십자군 개시(~1270), **십자군 원정 동안 아랍 세계에서 설탕, 향신료, 진귀한 과일, 푀이타주 들어옴**
	1180	필리프 2세 즉위(~1223), 파리의 새 성벽과 루브르 궁전 건설
	1207	**우블리 기술자가 길드 목록에 등장**
	1214	부빈 전투, 영국과 독일에 승리해 왕권 강화
	1270	루이 9세 사망
발루아 왕조	1328	카페 왕조 단절, 필리프 6세에 의해 발루아 왕조 시작
	14세기 초	**공현제 때 갈레트 데 루아를 먹는 관습이 생김**
	14~15세기	**귀족 사이에 팽데피스가 퍼짐**
	1337	영국과 백년전쟁(~1453) 발발
	1348	흑사병으로 인구의 약 3분의 1이 사망
	1429	잔 다르크의 활약으로 오를레앙 해방

	1515	프랑수아 1세 즉위(~1547), 프랑스 르네상스를 이끎
	1533	**카트린 드 메디시스가 앙리 2세에게 시집오면서 아이스크림과 설탕 과자 등 이탈리아 과자를 전해 줌**
	1534	자크 카르티에가 캐나다에 상륙
	1559	프랑스의 종교전쟁(~1589)
	1572	성 바르톨로메오 축일의 학살
	1589	앙리 4세 즉위(~1610)
	1598	낭트 칙령
	1615	**스페인 왕국의 안나가 루이 13세에게 시집오면서 초콜릿 음료를 마시는 습관이 전해짐**
	1618	30년 전쟁(~1648)
	1643	루이 14세 즉위(~1715), **나중에 아이스크림을 만들게 함**
	1648	프롱드의 난(~1653)
	1648	웨스트팔리아 조약
	1653	**라 바렌 『프랑스의 파티시에』 출판**
부르봉 왕조	1655	**과자를 좋아하는 사블레 부인이 수도원으로 들어감**
	1661	망사르의 설계로 베르사유 궁전 건설 개시
	1670~1680	**마르티니크 섬에서 카카오나무 재배 개시**
	1671	**크렘 샹티이를 고안한 바텔 자살**
	1686	**시칠리아인 프로코피오가 파리에 최초의 카페(르 프로코프) 개업**
	1688	프랑스와 영국이 앤틸리스 제도를 둘러싸고 대치(~1815)
	1691	**마시알로가 쓴 『왕실과 부르주아 가정의 요리사』에 크렘 파티시에르 처음 등장**
	17세기말	**앤틸리스 제도에서 사탕수수 플랜테이션 시작**
	1746	**므농 『부르주아 가정의 여자 요리사』에서 초콜릿 과자와 크림 등 과자 다수 소개**
	1751	『백과전서』 간행 시작

	1755	**로렌 지방 코메르시에 있는 스타니슬라스 왕의 성에서 '마들렌' 탄생**
	1756	7년 전쟁(~1763), 프랑스는 캐나다를 잃음
	1770	마리 앙투아네트가 루이 16세에게 시집오면서 오스트리아에서 쿠글로프 등 많은 과자 종류를 전해 줌
	1760	**왕립 초콜릿 공장 설립**
	1789	프랑스 혁명(~1799)
제1 공화정(국민공회)	1792	왕권 정지, 제1 공화정 시작, 모든 성인 남성에게 투표권을 주는 헌법 제정
	1794	테르미도르 반동(로베스피에르 실각)
(총재 정부)	1795	5인의 총재가 뽑혀 총재 정부 성립
	1796	**『프리앙디즈 입문』 출판**
(집정 정부)	1799	브뤼메르 18일의 쿠데타로 나폴레옹 집정
	18세기말~19세기 중반	**파리에 많은 레스토랑 탄생**
	1803	**그리모 『미식가 연감』 간행(~1812)**
제1 제정	1804	나폴레옹이 황제로 등극
	19세기 초	**카렘이 다양한 피에스 몽테 제작, 루제가 '밀푀유' 고안**
	1806	영국에 대한 대륙 봉쇄 시작
복고 왕정	1814	나폴레옹 퇴위, 루이 18세 즉위
	1815	나폴레옹의 '백일천하', 카렘 『파리의 왕실 파티시에』 출판
	1826	**브리야사바랭 『미각의 생리학』 출판**
7월 왕정	1830	7월 혁명, 루이 필리프 즉위(~1848)
	1830년대	**옴니뷔스가 파리 시내에 등장**
	1842	본격적인 철도 시대 시작
	1846~1847	**파리에서 '생토노레' 고안**

	1848	2월 혁명으로 루이 필리프 망명. 제2 공화정 시작, 노동자들이 6월 봉기를 일으킴. 12월 루이 나폴레옹이 대통령이 됨
제2 공화정	1850	**리옹에서 처음으로 '에클레르' 탄생**
	1851	루이 나폴레옹이 쿠데타를 일으킴
	1852	나폴레옹 3세, 제2 제정 시작
	1853	센 지사 오스만 남작의 대대적인 파리 개조
제2 제정	1857	새로운 파리 중앙 시장 건설(~1858)
	1862	**북서프랑스 낭트에 최초의 프티푸르 공장 탄생**
	1870	프로이센 – 프랑스 전쟁(~1871), 나폴레옹 3세가 포로로 잡힘
	1870	제3 공화정 시작
	1870	**이후 '뷔슈 드 노엘'이 퍼져 나감**
	1871	파리 코뮌
	1879	**크림 분리기 발명**
	1881~1882	초등 교육 무상화 · 비종교화 · 의무화
제3 공화정	1887	프랑스령 인도차이나 성립
	1890년경	**'타르트 타탱' 탄생**
	1894	드레퓌스 사건(~1906)
	1905	정교 분리법
	1914	1차 세계대전(~1918)
	1919	베르사유 조약 체결, 알자스와 로렌 회복
	1939	2차 세계대전(~1945), **전시 중 웨딩 케이크 고안**
비시 정부	1940	비시 정부 성립, 대독 협력
제4 공화정	1946	제4 공화정 시작
	1954	알제리 전쟁(~1962)
	1958	제5 공화정 시작, 샤를 드골이 다시 대통령이 됨
제5 공화정	1962	알제리 독립
	1981	미테랑 정권 수립, **급속 냉동고 도입으로 무스 유행**